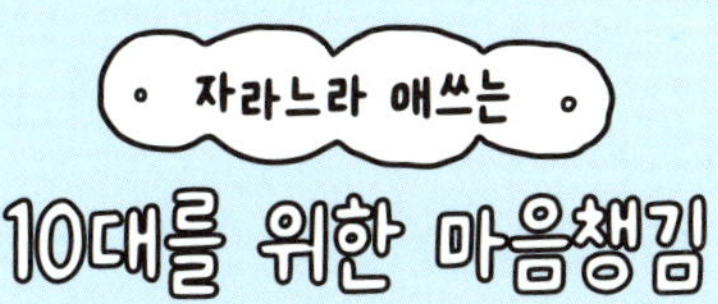

자라느라 애쓰는
10대를 위한 마음챙김

10대를 위한 마음챙김

심윤정 지음

곰곰

생동감 있는 삶을 돕는 시간

저는 남자중학교에서만 29년째 근무하고 있는 교사입니다. 저와는 세대도 다르고 개성도 다양한 10대들과 함께하는 학교 생활은 도전의 연속입니다. 수업 시간에 옆자리 친구와 수시로 이야기하는 학생이 있는가 하면, 일어나서 돌아다니는 학생까지 있어 교실이 소란스럽기 일쑤거든요. 일상의 작은 소동부터 무겁게는 학교 폭력까지, 하교 후 하루를 돌아볼 때면 제 마음도 어수선하곤 했습니다.

처음에는 저를 위해서 명상하고 마음챙김을 공부했어요. 학생들 앞에서 부끄럽지 않은, 성숙한 교사가 되고 싶었거든요. 오랫동안 마음공부를 하면서 제 삶은 훨씬 더 행복해지고 편안해졌습니다. 마음챙김을 어렸을 때 배웠으면 참 좋았겠다는 생각이 들었지요. 이제는 저에게 적용하는 것을 넘어서 독자 여러분에게도 마음챙김을 제대로 전하고 싶어요.

우리 반에서는 함께 명상을 합니다. 명상할 때 소리로 도움을 주는 '싱잉볼'이라는 도구가 있는데요. 처음에는 마음챙김이라는 단어를 약간 어색해하던 학생들이 "선생님, 왜 싱잉볼을 안 가져오셨어요? 오늘은 명상 안 하나요?" 하고 묻기도 하는 등 어느새 명상 시간을 자연스럽게 받아들이고 있습니다. 청소년들은 생각보다 명상하는 것을 좋아하고 원하더라고요.

마음챙김은 아무것도 하지 않고 가만히 있는 것을 의미하지 않습니다. 불필요한 생각이나 감정에 휘둘리지 않고 원하는 것에 에너지를 쓰도록 도움을 주는 삶의 핵심적인 기술이지요.

중요한 시험의 합격자 발표를 기다리고 있는 수민이가 있다고 해 봅시다. 발표 시간은 오후 5시인데, 여기 초점을 두고 하루를 보내면 수민이의 마음은 종일 두렵고 불안할 거예요. 이번에는 어제를 아주 행복하게 보낸 규영이를 떠올려 봅시다. 규영이가 다시 그 순간으로 돌아가고 싶다고 한들, 갈 수 있을까요? 어제는 이미 지났고 미래는 아직 오지 않았으니, 실제로 존재하는 시간은 이 순간뿐이랍니다.

그래서 저는 '지금, 여기'라는 표현을 좋아합니다. 마음이 자꾸 과거로 가거나 미래에 가 있다는 것을 수시로 알아차리고 지금, 이곳으로 돌아오려고 합니다. 앉아 있는 의자와 맞닿은 엉덩이의 무게감, 촉감을 느껴 봅니다. 발이 땅에 닿아 있는 그 느낌으로 돌아옵니다. 숨도 크게 쉬어 보며 이 순간의 실재감을 느낍니다.

　그게 살아 있는 거지요. 이런 순간이 늘어날수록 우리는 훨씬 더 생동감 있게 살아갈 수 있어요. 그럼 이제 마음챙김이 무엇이고, 우리에게 어떤 도움이 되는지, 어떻게 할 수 있는지 배우러 떠나 볼까요? 교과서에 나오는 지식은 아니지만 여러분이 살아가는 데 어쩌면 더 실질적인 도움을 주는 시간이 될 거예요.

차례

머리말 5

1 마음챙김이 뭐예요? ——— 10

2 아침에 몸이 무거워 일어나기 싫을 때
몸과 마음을 깨우는 명상 ——— 22

3 벌점을 받아서 속상할 때
자기연민 브레이크 명상 ——— 28

4 생각이 많아 머리가 복잡할 때
구름 명상 ——— 36

5 지나간 일이 계속 떠오를 때
오감 명상 ——— 44

6 내가 나를 더 힘들게 할 때
내 안의 잔소리꾼 달래기 명상 ——— 52

7 매사에 짜증 나고 불만족스러울 때
열 손가락 감사 명상 ——— 58

8 자존감이 떨어질 때
마음 일광욕 명상 ——— 66

9 **내 몸이 마음에 안 들 때**
몸 사랑 명상 —————————————— 74

10 **잠이 잘 안 올 때**
이완을 위한 바디 스캔 명상 —————————— 80

11 **미래가 불안할 때**
참자아 명상 —————————————— 88

12 **나한테만 안 좋은 일이 일어난다고 느낄 때**
생각 탐구 명상 —————————————— 96

13 **화가 나서 마음에 응급처치가 필요할 때**
화 다스리기 명상 ———————————— 104

14 **친구와 다퉜을 때**
나와 같은 친구 명상 ————————————— 114

15 **수업 중 방해하는 친구들이 있을 때**
소리 명상 —————————————— 120

16 **남이 부럽고 질투심이 들 때**
내 안의 빛을 밝히는 명상 ————————————— 128

17 **내 삶에 친절 한 스푼이 필요할 때**
친절 명상 —————————————— 134

18 **스마트폰을 내려놓을 수 없을 때**
스마트폰 명상 —————————————— 142

미주 150

마음챙김이
뭐예요?

지금, 이 순간에 머무는 마음

요즘 너무 바빠서 정신이 하나도 없어요. 해야 할 일인데도 놓치거나 잊어버려서 못 할 때도 많고요. 그러다 보니 선생님이나 부모님께 산만하다고 꾸중을 들어요. 머리가 늘 복잡하고 엉켜 있는 기분이 들기도 해요.

여러분도 이런 고민을 해 본 적이 있나요? 이런 마음 상태를 '마음놓침'이라고 해요. 반대로 마음챙김이 잘될 때는 원하는 일들이 명료하게 보이고 하나의 일을 할 때 다른 생각에 주의가 끌려가지 않아 좀 더 효율적으로 해 나갈 수 있지요.

미국 매사추세츠대학교 의과대학 명예교수이자 세계적으로 유명한 마음챙김 프로그램을 만든 존 카밧진은 '마음챙김은 의도적으로 현재의 순간에 머무르며 옳고 그름을 따지지 않는 자세로 주의를 기울이는 것'이라고 말해요.

우리 뇌는 기본적으로 생각을 담당하는 기관이어서 아무런 판단을 하지 않기는 어렵습니다. 뭔가를 보고 곧바로 어떤 판단을 하는 것은 생존하려고 뇌가 자동으로 작동하기 때문이에요. 생각을 없앨 수는 없지만 알아차릴 수는 있습니다. '좋다, 나쁘다', '옳다, 그르다', '마음에 든다, 들지 않는다'라는 판단은 모두 그 순간의 생각일 뿐이라는 것을 안다면 거기에 계속 머무르거나 집착하지 않을 수 있지요. 그냥 이 순간 경험하는 것을 열린 자세로 받아들이는 거예요.

저는 학교에서는 사회 과목을 가르치고, 담임과 학년 부장을 맡고 있어서 늘 분주합니다. 저녁에는 줌에서 공부 모임을 이끌기도 하고 강의 자료를 준비하기도 하지요. 주변에서는 "언제 그 일을 다 하세요? 어떻게 그런 에너지를 계속 유지하세요?" 하고 물어보곤 해요.

제 비결은 바로 마음챙김이랍니다. 어떤 일을 하는 순간만큼은 몰두합니다. 그 일을 마치고 나면 잠시 쉬면서 몸과 마음을 관찰하며 마음챙김을 해요. 이것이 확실한 휴식이자 충전 방법이지요. 그러고 나면 다음으로 해야 할 일을 새로운 마음으로 기분 좋게 시작할 수 있어요. 다음 일을 할 때는 또 그 순간에 충실하게 해야 할 일에 주의를 두고요. 중간에 딴생각이 나거나 다른 일들이 끼어들 때도 있지만 그걸 알아차리고 다시 돌아오면 됩니다. 항상 핵심은 '관찰'과 '알아차림'이라는 것, 잊지 마세요.

명상의 과학적 효과

뇌 그림을 하나 볼까요? 이 그림에 보이는 편도체와 전전두 피질의 관계를 이해하면 마음을 다스리는 데 도움이 될 거예요. 편도체는 뇌의 가장 중심부에 있어요. 편도체를 둘러싸고 있는 뇌의 부위를 변연계라고 부르는데요. 외부에서 오는 자극은 모두 변연계로 들어갑니다.

편도체는 현재 내가 경험하는 것을 자동적으로 분류해요. 만약 지금 상황이 과거에 힘들었던 경험이나 위험했던 일과 비슷하다고 판단하면 우리 몸에 경보를 울립니다. 심장이 두근거리거나 식은땀이 나는 것처럼요. '내가 지금 안전한가?' 하고 확

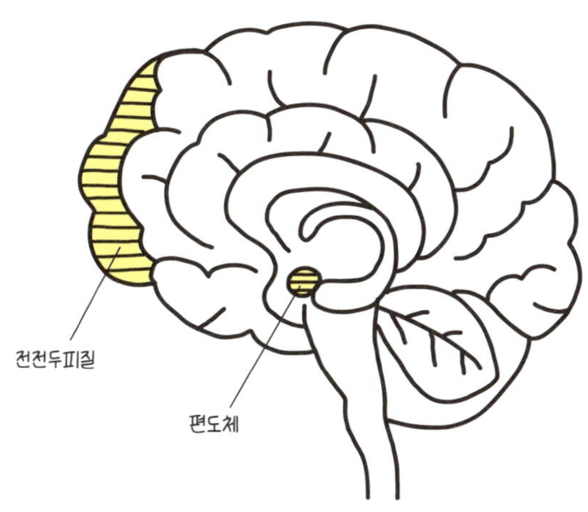

인할 수 있게 하는 것이지요. 스트레스를 받으면 이렇게 편도체가 활발하게 활동합니다.

전전두피질은 사고, 계획, 의사결정 등을 담당하는 부위예요. 또 감정을 조절하는 데도 중요한 역할을 하지요. 특히 편도체와 영향을 주고받으면서 부정적인 감정을 조절하고, 스트레스를 관리하는 데 도움을 준답니다.

마음챙김과 명상을 하면 편도체가 지나치게 경보를 울리는 일이 줄어들어요. 명상은 어떤 것에 주의를 두는 훈련이라고 할 수 있는데요. 소리에 주의를 두면 소리 명상, 호흡에 주의를 두면 호흡 명상이 됩니다. 그럼 마음챙김과는 어떻게 다르냐고요?

마음챙김은 '명상에서 배운 집중과 알아차림을 삶에 적용하는 실천법'이에요. 그 순간에 자신에게 일어나는 일들을 있는 그대로 알아차리는 거예요. 관찰자의 눈으로 나의 몸과 마음을 바라보는 것이라고나 할까요? 명상은 '훈련'이고, 마음챙김은 '그 훈련의 결과로 만들어지는 삶의 태도'랍니다.

꾸준히 명상하고 마음챙김을 하면 뇌에 변화가 일어나 일상생활에서 감정을 더 잘 다룰 수 있게 되고, 집중력과 기억력도 키울 수 있어서 학업에도 도움이 된답니다. 스트레스와 불안, 분노를 더 잘 관리할 수 있게 되지요. 또 전전두피질의 기능을 강화해서 더 나은 의사결정을 하는 데 도움이 됩니다. 문제 해결

능력도 키울 수 있고요.

"마음챙김 동아리 활동을 한 날은 이상하게 게임이 더 잘되더라고요."

제가 운영하는 마음챙김 동아리에 참여했던 한 학생의 말이에요. 이 말을 듣고 '아하!' 하고 깨달음이 왔어요. 그동안 학생들에게 마음챙김과 명상을 하면 집중력이 높아지고 공부를 더 잘하게 될 거라고 설득해 왔는데요. 실제로 학생이 경험한 효과는 게임을 더 잘하게 되는 거였다니, 웃음이 나왔지만 이보다 더 확실하게 몸으로 느낀 효과는 없지 않을까 하는 생각도 듭니다.

무엇인가에 집중하려고 할 때 우리 머릿속에서는 금방 딴생각이 떠올라서 지금 하는 일에서 주의력이 흩어지곤 해요. 이런 상태를 '몽키 마인드'라고 합니다. 원숭이가 날뛰는 것처럼 마음이 불안한 상태라는 의미예요. 부처님은 우리 마음이 마치 나무 사이를 뛰어다니는 원숭이와 같다고 비유하셨대요. 그래서 명상 지도자들도 현대인의 마음 상태를 설명할 때 예로 들곤 합니다.

하지만 우리 마음이 항상 부산하게 움직이는 원숭이와 같지는 않습니다. 가끔은 차분하고 안정적이면서 지혜로울 때도 있지요. 이때의 마음 상태로 돌아가는 것이 명상의 목표입니다. 하나의 대상에 가만히 주의를 두는 연습이 명상이라고 할 수 있어요. 몸을 건강하게 하려고 헬스장에 가듯이 매일 조금씩이라도 명상하면 마음 건강에 도움이 된답니다.

우리 뇌는 외부의 자극이나 새로운 학습을 경험하면 구조와 기능이 변할 수 있다고 해요. 뇌의 이런 특징을 '신경 가소성'이라고 불러요. 최근 명상과 같은 마음 수련을 하면 뇌의 구조나 기능이 달라진다는 것이 과학적으로 증명되어 많은 사람에게 희망을 주고 있습니다.

존 카밧진의 연구에 따르면, 8주 동안 마음챙김을 바탕으로 한 스트레스 감소 프로그램을 실시한 결과 학습과 기억, 정서 조절 등과 관련한 뇌 부위가 두꺼워지고, 위험에 반응하는 편도체는 얇아져 스트레스를 느끼는 정도가 줄어드는 효과가 나타났다고 해요.[1] 여러분도 해 볼 만하지 않나요? 매일 자리에 앉아서 마음에 집중하는 시간을 내면 두 달 뒤에는 뇌가 변한다고 하니까요.

감각에 주의를 기울여요

명상이 습관으로 자리 잡으려면 의지가 필요합니다. 의지에 도움을 줄 시간대를 찾아보세요. 저는 아침에 일어나자마자

하는 것을 추천합니다. 아침에 시간을 내기 어렵다면 낮이나 저녁에 해도 괜찮아요. 그래도 아침 명상을 추천하는 이유는, 아침에 명상하면 마음이 차분해지고 집중력이 높아져서 하루의 효율성이 더 높아지거든요. 자기 전에는 몸이 피곤해서 졸음이 오기 쉽고, 낮에는 마음이 분주해서 명상할 환경을 만들기가 쉽지 않잖아요.

낮에 하기 좋은 명상은 행위 명상이에요. 걷거나 손을 씻을 때, 혹은 머리를 감을 때처럼 행동 하나하나를 할 때마다 모든 감각을 열어 놓고 천천히 음미해 보는 거예요. 예를 들면 손을 씻을 때 손에 닿는 물의 온도를 느껴 보고, 감촉도 느껴 보는 것이지요. 비누칠할 때 거품의 촉감을 알아차리고 손가락 하나하나를 느끼면서 손을 씻어 보세요. 머리를 비우고 맑게 하는 데 정말 효과적이랍니다.

우리 뇌는 한 번에 처리할 수 있는 정보의 양이 제한되어 있대요. 뇌의 의식 공간에서 작업 기억은 일반적으로 7~9개의 덩어리로 이루어져 있습니다.[2] 생각을 안 하려고 하면 오히려 더 생각이 많아지는 경험을 해 본 적이 있나요? "코끼리는 생각하지 마."라고 하면 코끼리를 계속 생각하게 되는 것처럼요.

하지만 의식 공간을 감각으로 채우면 생각이 줄어들어요. 감각이 커지면 생각은 작아지는 거지요. 지금 주위에서 들려오는 소리에 가만히 귀를 기울여 보거나, 손으로 책상을 문지르면서 그 감촉에 주의를 두면 어느새 머릿속 생각이 조금 비워지는 순간을 경험할 수 있을 거예요.

명상 자세를 잡아 볼까요? 명상할 때 척추를 바르게 세우는 것은 그래야 호흡이 깊고 편안하게 흐를 수 있기 때문이에요. 꼭 가부좌 자세로 바닥에 앉지 않아도 돼요. 의자에 앉아서 해도 괜찮아요. 두 손은 무릎에 올려놓고, 옷의 지퍼를 올리듯이 등을 쭈욱 펴고 앉아 보세요.

너무 뻣뻣하게 긴장할 필요는 없고, 편안하게 자세를 잡되 바르게 앉는다고 생각하면 됩니다. 명상하다 보면 "산처럼 앉아 보세요."라는 말을 자주 듣게 되는데요. 이것은 엉덩이를 산의 밑바닥이라고 생각하고 바닥에 단단하게 닿는 느낌으로 앉아 보자는 이야기랍니다.

명상할 때 호흡을 닻에 비유하기도 해요. 늘 호흡하고 있으면서도 평소에는 숨을 잘 의식하지 못하지만, 호흡에 주의를 두면 저절로 숨이 깊어지면서 차분해지는 경험을 할 수 있습니다. 들이마시는 숨보다 내쉬는 숨을 길게 할 때는 몸이 이완되거든요. 마음이 불안하거나 화가 날 때 심호흡하라고 하는 것은 이런 원리 때문이랍니다.

앞에서도 이야기했듯이, 명상할 때 소리에 집중하면 소리 명상, 어떤 색깔에 집중하면 시각 명상, 어떤 향에 집중하면 향기 명상이 됩니다. 가장 기본이 되는 명상은 바로 아무런 도구 없이도 눈만 감으면 할 수 있는 호흡 명상이지요.

결국 마음챙김은 지혜로운 마음 상태로 가는 일이라고 생각하면 쉬워요. 이때 '지혜'는 누구나 가지고 있는 내면의 지혜를 말합니다. 마음놓침이 내 마음에 내가 휘둘리는 상태라면, 마음챙김은 마음의 주인으로서 내가 조절하고 있음을 의미하지요. 내면의 지혜가 나를 이끄는 상태, 지금 내 앞에 일어나는 일들을 바꾸려고 하거나 쉽게 판단하지 않고 주의를 두고자 하는 것에 온전히 집중하는 그때가 바로 마음챙김의 상태입니다.

마음이 복잡하거나 집중력이 흐트러질 때 빨리 마음챙김으로 전환할 수 있는 두 가지 방법을 소개할게요. 이 방법들은 심리학자이자 정신의학자인 마샤 리네한이 소개한 방법의 일부입니다.[3]

- 호수 위의 돌멩이를 상상하기
  화창한 날씨의 호숫가를 떠올려 보세요. 내가 작  고 평평한 돌멩이라고 생각하고, 호수 한가운데 퐁당 하고 던져진다고 생각해 보세요. 고요하고 맑은 호수의 밑바닥을 향해서 천천히 부드럽게 가라앉는다고 상상합

니다. 고운 모랫바닥 위에 안전하게 내려갈 때까지 그 과정을 느껴 보세요.

- 나선형 계단 걸어서 내려가기

마음 안에 나선형의 계단이 있다고 상상해 봅니다. 그 계단을 하나씩 천천히 내려가는 거예요. 한 걸음 한 걸음 내디디면서 조금씩 아래로, 아래로 내려가 봅니다. 점점 더 깊은 내면으로 들어간다고 상상해 보세요.

중간에 힘들면 멈춰서 잠시 쉬어도 괜찮아요. 계단 아래에는 부드럽고 따뜻한 빛이 비치고 있어요. 그곳을 향해서 한 발짝씩 내디디면서 계속 걸어 내려가 보세요. 마음의 중심에 도착했다고 느껴지면 그곳에 멈춰서 잠시 머물러 보세요.

• 오늘의 명상 일기를 적어 보세요.

아침에 몸이 무거워 일어나기 싫을 때

몸과 마음을 깨우는 명상

몸이 건네는 말

아침에 일어나는 게 너무 힘들어요. 몸도 찌뿌둥하고 기분도 별로 안 좋은데 학교에 가야 한다는 생각으로 억지로 눈을 뜨니 아침부터 짜증 나요. 빨리 안 일어난다고 엄마한테 잔소리를 들으면 더 일어나기 싫다니까요. 알람이 울려도 일단 끄게 돼요. '일어나야지.' 하다가 잠깐 눈 한번 깜빡인 것 같은데, 다시 눈을 뜨면 30분이 훌쩍 지나 있어서 그제야 허둥지둥 침대에서 나오는 날이 많아요.

자기 전에 보통 늦게까지 게임을 하거나 친구들과 메시지를 주고받거나 혹은 유튜브를 보다가 잠들지 않나요? 요즘 청소년들은 학원에 다니는 경우가 많아서 늦은 저녁에 귀가하더라고요. 그런데 조금이라도 놀거나 쉬고 싶은 마음에 밤늦게까지 뭔가를 더 하는 일이 많아요. 우리 반만 봐도 아침에 피곤해하는 학생이 정말 많습니다. 잠도 덜 깬 상태로 도착해 찌뿌둥하게 하루를 시작하는 모습을 볼 때면 안타깝지요.

우선 아침에 일어날 때 누운 상태에서 몸을 알아차리는 연습부터 해 봅시다. 눈을 뜨면 몸을 발끝부터 천천히 하나하나 알아차려 보세요. 지금 어디가 쑤시는지, 어디가 불편한지를 살피면서 마치 스캐너로 몸을 훑듯이 한 번에 한 군데씩 어떤 감각이 느껴지는지 몸에 집중해 보는 거예요. 그러면서 천천히 움직여 보세요. 양쪽 발끝을 톡톡 맞부딪히면서 발끝치기 동작을 하다 보면 혈액 순환이 촉진되면서 몸이 점점 깨어납니다.

'만약 몸이 나에게 말을 한다면?' 하고 상상해 볼까요? 몸은 늘 다양한 방법으로 이야기를 건네고 있답니다. 특히 느낌이라는 신호를 통해서 말이지요. 몸이 지금 말을 건다면 어느 부위가 신호를 보낼까요? 어디서 가장 강한 신호를 보내는지 한번 살펴보세요. 어깨인가요, 다리인가요, 아니면 등이 아파서 일어나기가 힘든가요? 그 부위가 이제 메시지를 보낸다고 생각해 봅시다.

"안녕, 나는 너의 허리야. 너에게 할 말이 있어. 네가 너무 오랫동안 의자에 앉아 있으니까 정말 힘들어. 아프다고 신호를 보내도 너는 그걸 무시하고 하던 일을 계속하더라. 너의 미래를 위해서라도 지금 나를 펴 주면 좋겠어."

"난 네 등인데 지금 너무 아파. 어제 밤늦게까지 몰입해서 게임을 하느라 긴장한 상태로 오래 있었잖아. 등을 좀 두드려 주거나 마사지해 주면 좋겠다."

몸이 보내는 메시지를 읽고 나니 어떤 느낌과 생각이 드는지 마음속으로 대화를 나눠 볼까요?

예를 들면 이런 식으로요.

"네 이야기를 들으니까 미안한 마음이 들어. 내가 너무 신나게 게임을 하다 보니 아픈 줄도 모르고 너를 힘들게 했어. 계속 이러다가는 네가 더 많이 아파져서 결국은 나한테 손해일 텐데 말이야. 앞으로는 시간을 정해 중간에 잠깐씩 일어나서 스트레칭이라도 좀 하도록 노력할게."

몸과 마음을 깨우는 명상 

아침에 몸과 마음을 느끼면서 깨어나는 데 도움이 되는 명상을 함께 해 봅시다. 하루를 좀 더 상쾌하게 시작할 수 있을 거예요. 우선 눈을 감고 있는 상태에서 몸을 천천히 길게 늘려 볼까요? 두 팔을 쭉 뻗으면서 천천히 기지개를 켭니다. 급하게 서두르지 말고 여유를 두고 온몸을 부드럽게 쭈욱 늘려 보세요.

몸의 움직임을 하나하나 의식하면서 움직여 보는 겁니다. 기지개를 켜면서 몸의 감각을 섬세하게 알아차립니다. 몸이 쭉 펴질 때 기분 좋은 뻐근함이 느껴지나요? 아니면, 어딘가에 불편함이 느껴지나요? 혹시 기지개를 켤 때 조금 아프거나 쑤시는 부분이 있다면 알아차려 봅니다.

두 발을 느껴 볼까요? 먼저 발가락부터 하나하나 알아차려 주세요. 엄지발가락, 둘째 발가락, 셋째 발가락, 넷째 발가락, 새끼발가락. 이제 발목, 발뒤꿈치에도 주의를 보내 보세요. 침대와 닿아 있는 뒤꿈치의 무게감을 알아차려 봅니다. 종아리, 허벅지, 엉덩이, 등, 어깨를 하나씩 느껴 봅니다.

각 부분에 따뜻한 마음을 보내면서 편안하게 이완합니다. 몸 구석구석을 하나씩 천천히 만나면서 온몸의 긴장을 풉니다. 침대에 누워 있는 몸을 발끝부터 머리끝까지 있는 그대로 느껴 봅니다.

이제 방 안을 천천히 둘러보세요. 어떤 물건이 눈에 들어오나요? 혹시 그 물건이 거기에 있었는지도 몰랐는데 새롭게 발견하게 된 것은 없나요?

이번에는 눈을 감고 들려오는 소리에 주의를 둡니다. 방 안에서 들리는 소리, 방 바깥에서 들리는 소리, 창밖에서 들리는 소리. 큰 소리, 작은 소리, 듣기 좋은 소리, 거슬리는 소리. 모두 있는 그대로 알아차려 봅니다.

코에서 맡아지는 냄새도 알아차려 봅니다. 냄새가 느껴지지 않는다면 일부터 애써서 찾지 않아도 됩니다. 이제 주의를 코나 배에 두고 잠시 호흡에 집중해 봅니다.

오늘 하루 일어날 가장 좋은 일을 상상해 보세요. 큰일이 아니어도 괜찮습니다. 새로운 하루 동안 어떤 마음가짐으로 살고 싶나요? 친절함, 성실함, 혹은 편안함이나 즐거움, 어떤 것이라도 좋습니다. 오늘 내가 살고 싶은 대로 단어 하나를 골라서 마음에 담아 보세요. 하루를 새롭게 선물 받은 자신에게 미소를 보내 보세요. 이제 몸을 일으켜 하루를 시작합니다.

벌점을 받아서
속상할 때

자기연민 브레이크 명상

인간이기에 느끼는 힘듦

오늘 벌점을 또 받았어요. 저만 떠든 것 같지도 않은데 선생님이 벌점을 주신다는 말에 억울하고 화가 났어요. 이번 주에 다른 시간에도 벌점을 받아서 이미 점수가 꽤 되거든요. 짜증도 나고 저한테만 이런 일이 더 많이 일어나는 것 같아서 속상해요. 학교생활에 회의감이 들어서 열심히 하고 싶지도 않고요. 저한테 진짜 문제가 있는 건가 싶은 생각도 들어요. 상점을 받는 친구들과 달리 저는 왜 이런가 싶어서 가끔은 제가 싫어지기도 해요.

우리는 가끔 자신에게만 안 좋은 일이 더 많이 일어나는 것 같다는 생각에 빠질 때가 있습니다. '왜 나만 이렇게 힘들지?' 하고 낙담하거나 속상해하고 있지는 않나요? 자신을 탓하는 마음이 자꾸 들기도 하고요. 혹시 여러분은 힘들고 고통스러운 일이 닥칠 때 어떻게 이 감정을 다루면 좋을지 배워 본 적이 있나요?

이럴 때 우선 가장 먼저 해야 할 것은 천천히 호흡하면서 지금 자신의 몸과 마음의 상태를 알아주는 거예요. '아, 내가 지금 많이 억울하구나, 속상하구나, 고통스럽구나, 스트레스를 받는구나.' 하고 말이죠. 그 마음을 가만히 느끼면서 따뜻한 눈길로 바라보세요. 그런 느낌이나 감정이 드는 것은 자연스러운 일이라고 자기 자신에게 다정한 마음을 보내는 것이 정말 중요하답니다.

고민에 빠지거나 힘들 때면 유독 자신에게만 이런 일들이 일어나는 것 같지만, 우리의 경험은 사실 다른 사람들도 겪는 보편적인 것이 대부분이에요. 누구나 부정적인 감정을 느낄 때가 있고, 다른 사람들도 일이 잘 안 풀릴 때가 있다는 것을 알아야 해요. 그저 살아 있는 인간이기에 겪는 일임을 기억하면 아픈 마음을 어느 정도 달래는 데 도움이 될 거예요.

사람들은 다른 사람에게는 무척 친절하게 공감이나 위로를 전하면서도 자신에게는 가혹한 비난의 잣대를 들이대곤 합니다. 스스로를 가장 소중하게 대할 것 같지만 의외로 남에게 더 잘하는 경향이 있는 사람이 많거든요.

친구가 벌점을 받았다면 어떤 말을 해 주겠어요? "괜찮아. 다음에 잘해서 상점을 받으면 되지." 하고 마음을 토닥이지 않을까요? 어깨를 두드리거나 맛있는 간식을 사 주면서 위로할 수도 있고요. 정말 좋아하는 친구에게 하듯이 자신과 마주할 수 있다면 어떨까요? 자기 자신을 가장 좋은 친구처럼 대하는 것을 '자기친절'이라고 해요. 혹은 '자기연민'이라고 부르기도 한답니다. 영어 'self-compassion'을 번역한 것으로 나에게 친절하고 따뜻하게 대하는 마음을 가리키지요.

스스로를 편안하게 해 줄 수 있는 방법들을 한번 떠올려 볼까요? 이런 방법을 여러 가지 알고 있으면 살아가며 장벽에 부딪힐 때 도움이 될 거예요. 한 학생이 수업 시간을 거의 잠으로 보내서 상담한 적이 있어요. 그 학생이 이렇게 말하더라고요. "스트레스를 받으면 가슴이 답답해서 잠을 자게 되는 것 같아요."라고요. 자신이 왜 그런 행동을 하는지 스스로 알아차린 것이 훌륭하다는 생각이 들었습니다.

저는 "그래, 맞아. 네가 그렇게 알아차렸다니 정말 기쁘다. 그럴 때 스트레스를 푸는 방법은 많이 있어. 산책할 수도 있고, 너에게 위로가 되는 말을 해 줄 수도 있지. 마음이 편안해지는 음악을 들을 수도 있고, 잠시 눈을 감고 호흡하는 것도 도움이 돼. 만약 네가 잠 대신 다른 방법들을 사용할 수 있다면 힘들 때 무조건 잠을 청하는 너의 습관을 좀 바꿔 볼 수 있을 거야. 같이 노력해 보자."라고 말해 줬어요. 이 밖에 자신을 친절하게 대하는 방법을 정리해 봤습니다.

- 자신을 친절하게 대하기

  ① 최근에 가장 속상했거나 힘들었던 일 한 가지를 떠올려 봅니다.

  ② 그런 상황에서는 다른 사람들도 나처럼 속상함을 느끼고 힘들어할 수 있다는 것을 떠올려 봅니다.

  ③ "이런 상황에서 다른 사람들도 이렇게 느낄 거야."라고 자신에게 말해 줄 때, 고통이 조금 누그러지는지 살펴보세요.

  ④ 아주 좋아하고 무슨 일이 생기면 도와주고 싶은 좋은 친구가 나와 같은 처지에 놓인다면 그 친구에게 해 줄 수 있는 친절한 말이나 행동을 찾아보세요.

  ⑤ 4번에 떠올렸던 말이나 행동을 자신에게도 해 주세요.

자기연민 브레이크 명상

오늘은 불편한 마음을 돌보는 자기연민 브레이크 명상을 해 볼 거예요. 힘들어하는 마음에 자기연민으로 브레이크를 걸어 보는 거예요. 여기서 브레이크란, '잠깐 멈춤'이라는 의미에요. 바로 마음의 브레이크(brake), 혹은 쉬는 시간(break)을 갖는다는 뜻이죠.

이 명상은 스트레스가 심할 때 하면 좋은 명상이랍니다. 자, 먼저 호흡으로 시작합니다. 숨을 깊게 들이마셨다가 내쉬기를 세 번 해 볼 거예요. 들이마실 때는 마치 항아리에 물을 가득 채우듯이 숨을 크게 머금고 내쉴 때는 멀리 내보내 보세요.

이제 같이해 볼까요? 숨을 천천히 들이마시고, 천천히 내쉽니다. 한 번 더 숨을 천천히 들이마시고, 천천히 내쉽니다. 마지막으로 천천히 들이마시고, 천천히 내쉽니다. 이렇게 깊이 세 번 호흡하는 것만으로도 어느 정도 마음의 균형을 회복할 수 있어요. 내쉴 때 '후' 하고 소리를 내는 것도 도움이 됩니다.

이제 최근에 스트레스를 받았거나 불편했던 상황을 하나 떠올려 보세요. 너무 큰 문제라서 생각하고 싶지 않은 것 말고 스트레스 정도를 1부터 10까지 표시할 때 3이나 4 정도의 사례를 고르면 됩니다. 뭔가 불편했던 순간이 떠오르면 마음에서 느껴 봅니다.

이때 내가 무엇을 봤고 누가 무슨 말을 했는지 그 상황을 생생하게 다시 떠올려 보세요. 그리고 몸에서 불편함이 느껴지는지 가만히 알아차려 보세요. 지금 몸 어느 부분에서 불편함이 가장 강하게 느껴지나요?

몸에서 어떤 감각이 느껴진다면 마음속으로 천천히 이렇게 말해 봅니다. '이것이 스트레스구나.' 또는 '아, 이것이 불편함이구나. 이것이 고통의 순간이구나.' 하고 알아주세요. 그 불편함을 느끼고 알아주는 것이 마음챙김입니다.

이제 자신에게 말해 보세요. '고통은 삶의 일부야. 다른 사람들도 나처럼 이런 순간을 겪을 때가 있어. 누구나 스트레스를 받고 때로는 불편한 감정을 느끼면서 살아가고 있지. 다른 사람들도 이럴 때 나와 같이 느껴.' 이렇게 말할 때 몸이 어떻게 느끼는지 알아차립니다.

우리는 고통의 순간을 알아차렸고, 불편함은 삶의 일부이며 자연스러운 것이라는 사실을 받아들였습니다. 나 혼자만이 아니라 모두가 고통을 겪는다는 것을요. 이것이 자신에게 친절한 태도이고 자신이 평범한 사람이라는 것을 알아주는 과정입니다.

이제 한 손을 가슴에 얹어 보세요. 다른 손은 몸에서 위로가 필요한 곳에 얹고 온기와 감촉을 느껴 봅니다. 그리고 자신에게 다음과 같이 말해 봅니다. '내가 나에게 친절하기를, 내가 나에게 따뜻하기를.' 혹은 자신에게 맞는 다른 문구를 써도 좋아요. 예를 들면 '내가 안전하기를, 내가 편안하기를.'처럼요.

혹시 친절의 문구를 떠올리기가 조금 어렵다면 이렇게 상상해 볼 수 있습니다. '지금 나와 같은 문제를 겪고 있는 친구에게 어떤 말을 해 줄 수 있을까?' 여러분의 선한 의도로, 충고의 말이 아니라 가슴으로 전하는 따뜻한 말을 떠올려 보세요. 이제 똑같은 말을 자신에게 해 주는 거예요.

가슴에 손을 얹고 나에게 필요하고 위로가 되는 말을 찾아서 몇 번이고 반복해서 말해 봅니다. '내가 있는 그대로의 나 자신을 수용하고 사랑하기를. 내가 진정으로 행복하기를. 내가 평화롭게 살기를. 내가 따뜻하게 나를 돌보기를. 내가 주위 사람들과 사랑을 주고받기를. 내가 나를 보호할 수 있기를.' 어떤 문장이든 자신에게 힘이 되는 말을 반복해서 말해 줍니다. 이 말들을 전할 때 몸의 감각이 어떻게 변화하는지 알아차립니다.

다시 힘든 문제를 떠올려 보세요. 고통이 어떤 느낌인지 알아차릴 수 있고, 위로의 말이 몸과 마음에 어떻게 퍼져 가는지 느낄 수 있으며, 내가 나 자신에게 친절하게 대할 수 있음을 기억하세요. 우리는 어떤 감각이든 허용하고, 지금 이 순간을 있는 그대로 경험하고 알아차릴 수 있습니다.

생각이 많아
머리가 복잡할 때

구름 명상

생각을 바라봅니다

해야 할 일이 너무 많아서 집중이 잘 안돼요. 학원 숙제도 있고, 수행평가도 준비해야 하고, 중간고사도 점점 다가와서 시험공부도 해야 하거든요. 조급한 마음으로 하나를 조금 하다 보면 해야 할 다른 일이 떠올라서 불안해요. 결국 하나를 진득하게 하지 못하고 산만해지기 일쑤고, 효율적으로 공부할 수가 없어요.

우리가 뭔가에 특별하게 주의를 기울이지 않을 때 활성화되는 뇌의 부위가 있습니다. 이 부위를 '디폴트 모드 네트워크'라고 불러요.[4] 이름이 좀 낯설고 길지요? 디폴트 모드 네트워크는 우리 삶에서 꼭 필요한 기능을 담당하는데요. 수학 문제를 풀다가 잠시 몇 초 쉬는 것처럼 짧은 순간에도 곧바로 이 부위가 활동을 시작합니다. 평상시뿐만 아니라 잠을 자고 있을 때나 심지어 수술 등의 이유로 온몸을 마취해도 계속 활동한다고 하네요.

우리가 잠시 멍때리거나 혼자 조용히 있을 때 디폴트 모드 네트워크는 삶에서 일어나는 경험을 통합하도록 돕는 일을 해요. 하루 동안 친구와 말다툼한 일, 선생님께 들은 말, 재미있게 본 영상 등을 하나하나 연결하고 의미를 만들어 머릿속에 정리해 주지요.

그런데 뇌가 휴식을 취하려고 할 때 부정적인 생각이 머릿속을 떠나지 않고 계속 맴돌기도 해요. 이 상태를 '포악한 디폴트 모드 네트워크'라고 부릅니다.[5] 힘든 일을 겪었거나 스트레스가 많을 때, 불안이 높은 사람은 더 자주 이런 상태가 되지요. 마음챙김이나 명상을 하면 이런 포악한 디폴트 모드 네트워크를 안정시키는 데 큰 도움이 됩니다.

종이 한 장을 꺼내서 지금 떠오르는 생각을 잠시 적어 볼까요? 딱 5분 정도만 해 보세요. 이 생각은 어디서 왔나요? 어떤 기분을 불러일으키나요? 생각과 감정은 연결되어 있어서 어떤 생각을 하느냐에 따라 감정이 달라져요. 유쾌한 감정이 들게 하는 생각도 있고, 불쾌한 감정이 들게 하는 생각도 있지요. 혹은 유쾌하지도 불쾌하지도 않은, 중립적인 생각도 있습니다.

누구나 어떤 생각을 떠올리고 힘겹다고 느낄 때가 있어요. 이럴 때 그 생각을 무시하거나 그 생각과 관련한 문제를 단번에 해결하려고 덤비는 것은 좋은 방법이 아닙니다. 잘못하면 생각이 걷잡을 수 없이 커져서 거기에 사로잡힐 수도 있거든요. 부정적인 생각 속으로 무작정 뛰어드는 대신, 그저 '그 생각이 났구나. 나는 지금 이런 생각을 하고 있구나.' 하고 한 발 떨어져서 바라보세요.

• 지금 머릿속에 떠오른 생각 적어 보기

____

____

____

____

____

____

생각을 구름이라고 상상해 볼까요? 하얗고 예쁜 구름인가요, 커다랗고 검은 구름인가요? 혹은 약간 잿빛을 띤 구름인가요? 이전에도 그것을 본 적이 있나요, 아니면 처음 보나요? 이 생각은 어떤 기분을 몰고 오나요? 생각은 영원하지 않다는 것을 기억하세요. 사실 '이것은 흰 구름 생각이고, 저것은 비구름 생각'이라고 나누는 것 또한 판단일 뿐이랍니다.

생각은 그냥 생각일 뿐이에요. 생각을 없앨 수는 없어요. 다만 알아차리고 흘러가도록 둘 수는 있습니다. 생각이 떠오를 때 '아, 이것은 생각이구나.' 하고 떨어져서 그 생각을 바라볼 수 있답니다. 감정도 마찬가지예요. 마음에 떠오르는 감정은 손님과 같아서 찾아왔다가 또 떠나가지요. 하나의 느낌이나 감정만 지속되지는 않아요. 어떤 생각에 먹이를 주느냐에 따라서 감정이 더 커질 때도 있지만요.

이 모든 것은 자신의 선택이라는 걸 잊지 마세요. 생각은 그냥 생각일 뿐이고 감정은 자신에게 찾아온 신호일 뿐이에요. 마음이 지금 편안한지 아닌지 생각과 감정을 통해 알 수 있지요.

아까 써 본 생각을 구름 모양의 말풍선에 적어 넣어 볼까요? 왼쪽에는 나에게 힘을 주는 유쾌한 생각, 오른쪽에는 힘이 되지 않는 불쾌한 생각을 적어 보세요.

구름 명상

　이제 구름 명상을 해 봅시다. 이 명상은 하늘을 바라보며 할 수 있는 명상입니다. 하늘이 보이는 창가로 가서 해도 되고, 야외에서 해도 좋습니다. 눈을 들어 하늘을 가만히 관찰해 보세요. 지금 보이는 하늘은 어떤 하늘인가요? 구름이 하나도 없는 맑은 하늘인가요, 아니면 먹구름으로 가득 찬 흐린 하늘인가요?

　어떤 하늘이라도 다 괜찮아요. '저 하늘은 내 마음과 같다. 저 구름은 내 생각과 같다.'라고 생각해 봅시다. 하늘에 떠다니는 구름을 한번 찾아볼까요? 구름을 가만히 바라보면서 그 구름이 어떤 모양인지 살펴보세요. 구름은 바람에 따라 조금씩 움직이기도 하고, 모양도 계속 변합니다.

　생각과 감정, 느낌도 저 구름처럼 생겨났다가 사라지기도 하고, 커졌다가 작아지기도 하지요. 구름이 가득 찬 하늘처럼 마음이 복잡한 날도 있지만, 쨍하고 맑은 하늘처럼 긍정적인 기운으로 가득 차는 날도 있잖아요. 우리 마음은 저 하늘과 같아서 시시때때로 변한답니다.

　가만히 하늘을 바라보면서 구름 모양을 관찰해 볼까요? '저 구름은 솜사탕처럼 보이네?', '저 구름은 새털처럼 보이니 새털 구름인가?' 하고 구름에 이름을 붙이는 것처럼 생각이나 감정에도 이름을 지어 줄 수 있어요. '걱정', '초조함', '불안', '두려움', '짜증', '복잡함'처럼 다양한 이름으로요.

생각을 알아차리고 이름을 붙이면 '아, 내가 이런 생각을 하고 있구나! 해내야 할 일에 대한 고민으로 머리가 복잡하구나.' 하고 알아주세요. 누구에게나 힘겹게 하는 생각이 찾아오는 순간이 있습니다. 그 생각을 외면하거나 해결하고 싶지만, 마음대로 되지 않을 때가 있을 거예요. 꼬리에 꼬리를 물고 생각이 이어지다 보면 생각 덩어리가 점점 커져서 그 안에 갇혀 버릴 수도 있어요. 그럴 때는 잠시 빠져나와 그저 그 생각이 지금, 여기에 존재하고 있다는 사실을 지켜보세요.

생각도 감정도 구름처럼 왔다가 흘러갑니다. 하늘의 모습이 날마다 다르듯이 마음도 매일 달라진다는 것을 잊지 마세요. 자, 이제 다시 천천히 호흡하면서 지금, 여기로 돌아옵니다.

머리가 복잡할 때 생각을 비우는 데 도움이 되는 간단하고 쉬운 방법을 한 가지 더 알려 드릴게요. 이 방법은 모래시계를 이용하는 1분짜리 짧은 명상이에요. 모래시계를 돌려놓고 모래가 떨어지는 것을 바라보는 시각 명상입니다. 집에 모래시계가 없는 분도 있을 텐데, '1분 모래시계'라고 검색하면 싸고 예쁜 제품을 쉽게 찾아볼 수 있답니다.

저는 책상 옆에 모래시계를 하나 가져다 놓고 학교 업무로

휴머니스트 청소년문고 곰곰
Z세대를 위한
지금 여기의 교양!
세종도서
교양부문
선정도서
한국출판문화
산업진흥원
청소년 추천도서
대한출판문화협회
올해의
청소년도서
국립어린이
청소년도서관
사서 추천도서
학교도서관저널
추천도서
곰곰

지금 우리 앞에 당도한 기후위기 X 인공지능

인공지능은 과연 기후재난으로부터 지구를 구할 해법이 될 수 있을까? 환경이 인류에게 던지는 질문과 기술 사용자로서의 윤리적 고민을 따라가며, 인간 그리고 인공지능이 더 나은 세상을 만드는 데 어떤 역할을 할 수 있을지 생각해 보자.

세상 끝의 고래

크리스 빅 지음 | 정주연 옮김 | 400쪽 | 16,700원

국립어린이청소년도서관 사서 추천도서 | 학교도서관저널 추천도서

#생태소설 #고래 #인공지능 #다세대 #기술과윤리

용감하고 명랑한 청각장애 소녀 메리의 모험

농인 작가가 실존했던 미국의 농공동체에 영감을 받아 쓴 역사소설이자 청각장애인인 주인공 메리의 용기 있는 모험을 다루는 성장소설. 장애인에 대한 차별과 편견에 맞서는 메리의 여정은 우정, 사랑, 연대의 가치를 일깨운다.

너의 목소리를 보여 줘 1~2

앤 클레어 르조트 지음 | 조응주 옮김 | 320쪽 내외 | 각 16,000원

학교도서관저널 추천도서 | 책씨앗 추천도서 | 한우리 독서올림피아드 선정 도서
슈나이더 패밀리 도서상 수상 | 영화감독 이길보라·아동문학평론가 김지은 추천

#청각장애 #농문화 #비장애중심주의 #인종 #교차성 #가족 #우정

너무 지치거나 머리가 잘 안 돌아간다는 생각이 들 때 이 방법을 사용해요. 모래가 떨어지는 것을 가만히 보다 보면 꽉 찬 생각의 자리가 시각으로 채워지기 때문에 즉각적인 효과를 느낄 수 있어요. 모래가 다 떨어지면 다시 뒤집어서 2분, 3분 정도 원하는 만큼 반복할 수도 있지요.

칠판에 생각을 쓰고 지우는 상상을 해 보는 것도 좋아요. 지금 하는 생각을 한 문장씩 칠판에 쓴다고 생각해 보세요. '나는 할 일이 너무 많아.'라고 쓰고 지우개로 그 생각을 싹 지우는 거예요. 이제 그 생각은 눈앞에서 사라졌지요? '너무 부담스럽고 짜증 나.'라고 쓰고 또 그 생각을 지워 보세요. 머리가 개운해질 때까지 이렇게 하나씩 생각을 지워 가는 것도 어수선해진 마음을 정돈하는 데 도움이 되는 방법이에요.

지나간 일이
계속 떠오를 때

오감 명상

생각의 도돌이표에서 벗어나기

한 친구가 아무래도 저를 싫어하는 것 같아요. 아침에 등교하다가 만나서 먼저 인사했는데, 그냥 지나가더라고요. 수업 시간에 모둠 활동에서 제가 의견을 냈을 때 다른 아이들은 다 좋다고 했는데 그 친구만 아무 말이 없었고요. 쉬는 시간에 과자를 줬을 때는 안 먹겠다면서 안 받았어요. 진짜 걔가 저 싫어하는 거 맞죠? 그동안의 일들이 다 떠오르면서 그 친구가 저한테 했던 말이나 행동을 곱씹게 돼요.

과거는 과거일 뿐인데 왜 지나간 일들을 계속 떠올리며 괴로워하고 곱씹게 될까요? 우리는 긍정적인 경험보다 부정적인 경험을 더 잘 기억한다고 합니다. 이런 현상을 '부정성 편향'이라고 불러요.[6] 고통이나 아픔을 겪었을 때 그 일을 다시 겪지 않도록 뇌가 우리를 보호하려는 것이지요. 하지만 안전을 도우려고 발달한 이런 기능은 우리가 행복해지는 데 도움을 주지 않기도 합니다. 지나간 일이 자꾸 떠오를 때 여기에서 벗어나도록 도움을 주는 세 가지 방법을 제안할게요.

첫 번째 방법은 '일어난 일과 내가 쓴 이야기 구분하기'입니다. 사연을 보낸 분은 친구가 자신을 싫어하는 것은 아닌지 고민하고 있는데요. 알고 보니 그 친구는 인사하는 것을 보지 못했고, 의견을 냈을 때 생각에 골몰하느라 이야기를 제대로 듣지 못했다면 어떨까요? 또 과자를 줬을 때 사실 그 친구는 속이 좋지 않아서 거절했다는 것을 알게 된다면요? 사실을 확인하기 전에 상상의 나래를 펴며 이야기를 만든 셈이 되겠지요.

그 친구가 자신을 싫어한다는 생각의 고리를 끊는 방법은 일어난 일과 덧붙인 이야기를 구분하는 거예요. 일어난 일에 자신이 어떤 이야기를 더하고 있는지 살펴보는 것이지요. 여러분도 혹시 누군가와의 관계에서 이런 악순환을 반복하고 있다면 실제 있었던 일과 이야기를 구별해서 적어 보세요. 그러면 전에 생각하지 못했던 것들이 보이기 시작할 거예요.

두 번째 방법은 '오감을 활용해서 감각으로 뇌를 채우기'입니다. 과거로 가지 않고 바로 지금, 여기로 돌아오는 가장 빠른 방법은 감각으로 주의를 옮기는 거예요. 음악을 듣거나 들려오는 주변 소리에 귀를 기울이는 것처럼요. 한 걸음 한 걸음 걸으면서 발이 바닥에 닿는 감촉을 알아차리고, 벽에 기댄다거나 어떤 물건을 만지면서 촉각을 느껴 보는 것도 감각에 주의를 두는

데 도움이 됩니다.

세 번째 방법은 '생각은 그냥 생각일 뿐이라는 것을 알아차리고 잠시 옆에 치워 놓기'입니다. 생각을 없애려고 하지 말고 '이 생각이 지금 나를 도우려고 떠올랐구나.' 하고 일단 긍정해 주세요. 그러고 나서 마치 그 생각에 말을 걸듯이 '잠시 물러나 있어 줄래?' 하고 부탁해 보는 거예요. 억지로 잊으려고 하거나 그 생각을 하기 싫다고 거부할 때는 계속 떠오르잖아요. 일단 긍정하고 '여기 좀 있어 봐. 조금 있다가 너랑 다시 대화할게.'라는 말을 들려주면 오히려 잠잠해질 수 있어요.

그 생각 뒤에 있는 느낌과 욕구에 공감해 주세요. 그 생각을 떠올릴 때 어떤 느낌인가요? 걱정이 되나요, 억울한가요, 아쉽거나 안타까운가요? 아니면 고통스럽고 괴로운가요? 혹은 슬프고 속상한가요? 이렇게 느낌을 찾아서 오롯이 느껴 보세요. 그리고 지금 무엇을 원하는지도 찾아봅니다.

오감 명상

지금부터 오감 명상을 하겠습니다. 몸과 마음을 편안하게 하고 앉습니다. 먼저 여러분이 있는 곳에서 눈으로 관찰할 수 있는 색깔을 확인할 거예요. '빨주노초파남보'의 순서로 시야에서 일곱 가지 색깔을 하나씩 찾아보세요. 왼쪽에서 오른쪽으로, 다시 오른쪽에서 왼쪽으로, 위에서 아래로 시선을 천천히 옮기며 색깔을 찾아봅시다.

먼저 빨간색. 주변으로 시선을 천천히 옮깁니다. 주위를 둘러싼 사물과 자연 속에 빨간색이 얼마나 많이 있나요? 잠시 숨을 고르고 이번에는 여러분이 있는 공간에서 주황색이 어디에 있는지, 얼마나 많이 있는지 차근차근 찾아봅니다.

이번에는 노란색입니다. 노란색은 어디에 있고, 얼마나 많이 보이나요? 초록색도 빼놓을 수 없지요. 주변의 초록색을 하나하나 관찰합니다.

이번에는 파란색을 찾아봅니다. 얼마나 많은 파란색이 여러분을 둘러싸고 있나요? 자, 이제 남색 차례입니다. 남색을 찾아 시선을 찬찬히 옮겨 봅니다. 마지막으로 보라색. 여러분이 있는 곳에 보라색도 있나요? 어디에 얼마나 많은 보라색이 있나요?

지금까지 관찰한 일곱 가지 외에 더 많은 색깔을 눈에 담을 수 있습니다. 흰색은 얼마나 많이 있나요? 검은색은요? 그 밖에 시야에 들어오는 다양한 색깔을 바라봅니다.

우리가 있는 공간에서 색을 찾을 수도 있지만, 모양을 바라

볼 수도 있습니다. 이제는 모양에 초점을 두고 봅니다. 시선을 천천히 옮기면서 시야에 포착되는 네모난 모양을 찬찬히 봅니다. 정사각형, 직사각형, 큰 사각형, 작은 사각형을 찾아보세요.

둥근 모양도 있나요? 타원 모양, 크고 둥근 모양, 작고 둥근 모양처럼 둥근 모양이 얼마나 다양한지 크기, 부피, 길이를 살펴봅니다. 사물의 모양에 가만히 주의를 보내 봅니다.

자, 이제는 여러분이 있는 곳의 소리를 들어 보겠습니다. 눈을 감아도 좋아요. 오케스트라 음악에서 악기 각각의 소리를 듣듯이 주변 소리 하나하나에 귀를 기울입니다. 멀리서 들리는 소리, 가장 가까이에서 들리는 소리, 매 순간 변화하는 소리를 잘 들어 보세요. 큰 소리, 작은 소리, 그보다 더 미세한 소리도 들어 봅니다.

이번에는 냄새로 주의를 옮겨 보겠습니다. 지금 있는 곳에서 냄새를 맡을 수 있나요? 어떤 냄새가 느껴지나요? 뚜렷한 냄새가 느껴지지 않으면 냄새가 없음을 느끼면 됩니다. 코를 통해 공기의 상쾌함이나 텁텁함, 따뜻하거나 차가운 온도를 느껴도 좋습니다.

이번에는 입에서 느낄 수 있는 감각입니다. 음식이나 음료를 먹고 난 후의 여운이 있는지 확인할 수도 있고, 이를 닦고 난 후라면 개운함을 느낄 수도 있습니다. 뚜렷한 맛이 느껴지지 않으면 특별한 맛이 없음을 느껴 보세요. 혀가 입천장에 닿는 촉감을 느껴 봐도 좋아요.

다음으로 여러분의 접촉 부위에 주의를 보내 촉감을 느껴 보겠습니다. 얼굴이나 목에 머리카락이 닿아 있는 느낌, 눈을 감고 있다면 눈꺼풀이 닿아 있는 느낌, 윗입술과 아랫입술이 닿아 있는 느낌.

어깨에 옷이 걸쳐져 있는 느낌, 옷이 팔에 닿아 있는 느낌, 손이 포개어져 있거나 무릎에 놓여 있는 느낌. 그리고 손의 무게감. 엉덩이가 의자나 바닥에 닿아 있는 느낌과 무게감. 다리에 옷이 닿아 있는 느낌, 양말이나 신발이 발을 감싸고 있는 느낌, 발이 바닥에 놓여 있는 느낌. 그리고 무게감. 얼굴과 피부에서 느껴지는 공기의 움직임이나 온도의 느낌. 그 밖에 몸에서 느껴지는 감각에 주의를 보냅니다.

가만히 몸 구석구석의 감각을 느껴 봅니다. 이제, 천천히 마칠 준비를 하겠습니다. 한 번 크게 들숨, 날숨 심호흡합니다. 다시 한번 들숨, 날숨 심호흡하면서 눈을 감으셨던 분들은 떠도 좋습니다.

• 오늘의 명상 일기를 적어 보세요.

내가 나를 더
힘들게 할 때

내 안의 잔소리꾼 달래기 명상

내 안의 잔소리꾼

이번 사회 수행평가에서 발표자 역할을 하게 됐어요. 친구들이 다 저보고 하라고 해서 얼떨결에 맡긴 했는데 막막하기만 해요. '내가 발표를 망치면 어떡하지? 나 원래 이런 거 잘 못하는데, 잘할 수 있을까?' 이런 생각만 자꾸 떠오르면서 준비 작업을 시작하기가 너무 힘들었어요. 어렵게 시작은 했지만 자료를 한두 장 만들다가도 이건 이래서 안 될 것 같고 저건 저래서 안 될 것 같고 …… 제가 만든 발표 자료가 마음에 안 들어서 진행이 어려워요.

다른 사람들이 뭐라고 하기도 전에 자기 자신이 더 힘들게 할 때가 있어요. 스스로 더 엄격하게 구는 거지요. 그렇게 자기 안에서 들려오는 목소리에 지금부터 '내 안의 잔소리꾼'이라고 이름을 붙여 봅시다. 앞으로 이 목소리가 들려오면 '아이고, 요 잔소리꾼이 또 나왔네? 이 녀석이 나를 달달 볶는구나.' 하고 알아차려 보세요.

내 안의 잔소리꾼이 하는 이야기는 주로 이런 거예요. '내가 늘 그렇지 뭐. 지난번에도 떠느라고 준비한 이야기를 잊어버렸잖아. 내가 말할 땐 애들이 지루한지 잘 쳐다보지도 않아. 다른 친구는 엄청나게 잘 준비해 올 텐데 비교되면 어쩌지?'

이런 생각을 알아차리는 좋은 방법은 잔소리꾼이 나타날 때마다 그 소리를 받아쓰기하듯이 종이에 적어 보는 겁니다. 뭐라고 하는지 있는 그대로 다 써 보세요.

• 내 안의 잔소리꾼이 하는 말을 5분 동안 써 보기

____

____

____

____

____

____

우리는 종종 일어나지도 않은 일을 미리 걱정하거나 전에 한 실수를 곱씹으면서 또 그럴까 봐 두려워하기도 하지요. 이런 생각에 빠지면 마음이 위축돼서 힘이 나지 않아요. 부담감 때문에 뭔가를 시작하지도 못하고 있다면 이미 내 안의 잔소리꾼이 활동을 시작했다고 보면 됩니다.

이 목소리는 왜 자꾸 튀어나오는 걸까요? 실은 도우려고 나타난답니다. 실수하지 않도록, 더 잘되고 인정받게 하려고 자기 자신에게 자꾸 잔소리하는 거예요. 이럴 땐 내 안의 잔소리꾼에게 '야, 너 또 나왔구나. 나를 도와주고 싶어서 그러지? 잘 알겠어. 그런데 잠깐만 거기에 가만히 있어 줄래?' 하고 부탁해 보세요. 그러면 그 목소리가 잠시 잠잠해지는 것을 느낄 수 있을 거예요.

이제 자신이 원하는 것에 귀를 기울입니다. '지금 내가 원하는 것은 뭐지? 수행평가에서 맡은 역할을 잘해 내는 것. 친구들이랑 선생님께 잘했다고 인정받는 것. 무엇보다 스스로가 뿌듯하게 잘 마치고 나서 홀가분해지고 싶은 거구나.'

이렇게 원하는 것을 알아차린 뒤에는 자신을 응원하는 목소리를 불러내는 거예요. '지금 내가 듣고 싶은 말은 뭐지?' 하고 가만히 앉아서 눈을 감고 다시 한번 자기 안의 목소리에 귀를 기울여 볼까요? 다음 명상으로 우리 안의 용기와 자신감을 북돋워 봅시다.

내 안의 잔소리꾼 달래기 명상 

눈을 감고 호흡에 집중해 봅니다. 숨을 천천히 들이마시고, 내쉽니다. 세 번 반복하세요. 우리 안의 완벽주의자이자 심술궂은 비판자인 잔소리꾼을 알아차리고 부담감을 내려놓는 명상을 해 보겠습니다.

잔소리꾼의 부정적인 의견은 진실이 아닙니다. '네가 뭘 할 수 있겠어. 이건 잘 안될 거야.'라는 말이 들려오면 '너 또 나왔구나.' 하고 알아차립니다. 우리의 잔소리꾼, 즉 두려움은 우리를 보호하려고 나타나는 거라고 이야기했지요? 혹시 잘못되지는 않을까, 상처받지는 않을까 하고 걱정하는 마음을 알아주세요.

'아, 내가 힘들까 봐 그래? 나를 보호하고 싶은 거니?' 하고 다독여 주세요. 그러고 나면 두려움을 잠시 내려놓을 수 있을 겁니다. 잔소리꾼의 목소리가 잠잠해질 거예요. 숨을 들이쉬고 내쉬면서 마음속으로 말해 보세요. '나는 세상에 하나뿐이야. 나는 소중해. 나는 있는 그대로의 내가 좋아. 나는 귀한 사람이야.'

우리에게는 좋은 점도 있고 부족한 부분도 있어요. 완벽하지 않아도 괜찮아요. 있는 그대로의 모습을 받아들여 주세요. 우리에게는 다양한 감정이 있어요. 감정을 억지로 바꾸거나 억누르지 않아도 괜찮아요. 우리는 속상하거나 슬플 때 그대로 두는 용기도 지니고 있어요. 우리는 더 멋지게 성장할 수 있도록 기꺼이 새로운 행동을 선택할 수 있어요.

오늘 자신에게 어떤 격려의 말을 해 주고 싶나요? 친구나 선생님께 어떤 격려의 말을 듣고 싶나요? 듣고 싶은 격려의 말이 떠올랐다면 그 말을 자신에게 들려주세요. 자신을 따뜻하게 격려하면서 어떤 용기를 얻었나요?

이제 용기를 내 보세요. 잔소리꾼이 지껄이는 소리를 모두 흘려보내세요. 용기가 피어나는 것을 더는 방해하지 못하게 하세요. 만약 어떠한 방해나 장애물이 없다면, 시간도 돈도 능력도 충분하다면 무엇을 어떻게 하고 싶은지 생각해 봅시다. 진정으로 하고 싶은 것은 무엇인가요?

지금 떠오르는 다양한 생각이나 이미지에 잠시 머물러 보세요. 그것이 이뤄질 때 얼마나 기쁘고 행복할지, 그 장면 속의 나는 어떤 모습을 하고 있을지 상상해 보세요. 숨을 천천히 들이마시고, 천천히 내쉽니다. 세 번 반복하세요. 이제 지금, 여기로 돌아옵니다.

매사에 짜증 나고
불만족스러울 때

열 손가락 감사 명상

감사한 일 세 가지 찾기

요즘 자주 짜증이 나고 사는 게 만족스럽지 않아요. 큰 고민이 있거나 안 좋은 일이 있는 게 아닌데도 자꾸 불만이 생기고 불평하게 돼요. 선생님이나 부모님이 하시는 말씀은 다 잔소리처럼 들리고, 친구들이 하는 말도 짜증스럽게 느껴져요. 하루하루를 좀 더 행복하게 보내는 방법을 알고 싶어요.

어떤 일을 바라볼 때 여러분은 그 일에 관해 부정적인 면을 먼저 보나요, 긍정적인 면을 찾아보나요? 평범한 일상을 예로 들어 볼게요. 급식을 먹을 때 '오늘은 내가 싫어하는 샐러드가 나왔네. 왜 이렇게 맛있는 메뉴가 없지?' 하면서 자주 불평하는 사람이 있습니다. 반면 '이렇게 신선한 재료로 정성껏 만들어 주신 맛있는 급식을 먹을 수 있어서 감사하다.'라고 생각하며 먹을 수도 있지요.

감사한다는 것은 현재에 뿌리를 내리게 하는 마음이에요. 자신이 가진 것, 자신의 상황에 감사하면서 여기 이 순간으로 돌아올 수 있거든요. 감사하는 마음을 떠올리는 것은 현재에 만족할 수 있게 하는 훈련이어서 마음챙김과도 관련이 깊어요. 이 순간에 대한 따뜻한 수용이니까요.

여러분은 일상생활에서 얼마나 감사하는 시간을 보내고 있나요? 최근에 무엇인가에 감사한 적이 있는지 한번 떠올려 봅시다. 오늘 하루를 돌아보면서 좋았던 일을 세 가지만 찾아보세요.

미국 유타대학교 헌츠먼 정신건강연구소의 크리스틴 프랜시스 박사는 "감사 표현은 뇌의 세로토닌 및 도파민을 촉진해 즉각적으로 기분을 좋게 한다."라고 말합니다.[7] 세로토닌은 우울하거나 불안한 마음을 안정시키는 데 도움을 주는 신경 전달 물질이에요. 도파민은 의욕, 행복, 즐거움 등에 관여하는 신경 전달 물질이고요.

한 학생이 제게 "요즘 주변에서 친구들이 대화할 때 너무 욕을 많이 해서 학교를 그만두고 싶어요."라고 고민을 털어놓은 적이 있습니다. 저는 학생에게 이렇게 이야기했어요. 선생님이 갑자기 욕설이 없는 환경으로 바꿔 줄 수는 없지만, 그런 표현을 듣고 하루 종일 영향을 받지 않도록 스스로 보호하는 방법은 알려 줄 수 있다고요.

그 학생에게 매일 자기 전에 오늘 하루 동안 감사한 일, 자신에게 일어난 좋은 일 세 가지를 찾아보라고 권했어요. 그리고 감사 일기 쓰기를 제안했지요. 다음은 그 학생이 찾아낸 사례입니다.

1. 오늘 수업 시간에 게임을 통해 재미있게 배워서 감사합니다.
2. 오늘 집에서 맛있는 저녁을 먹을 수 있어서 감사합니다.
3. 오늘 선생님이 내 문제를 해결하는 방법을 알려 주셔서 감사합니다.

열 손가락 감사 명상

한국MBSR마음챙김연구소 안희영 소장님이 소개하는 열 손가락 감사 명상을 알려 줄게요. 일상 중에 언제라도 할 수 있는 간단하고 유용한 명상입니다.

우선 주변에 있는 물건들을 하나씩 떠올려 봅니다. 첫 번째 손가락을 꼽으며 말합니다. 마음속으로 말해도 좋아요. 예를 들어 볼게요. "이렇게 편안하게 앉을 수 있는 의자가 있어서 감사합니다." 두 번째 손가락을 꼽으며 말합니다. "더운 여름이지만 쾌적하게 지낼 수 있도록 도와주는 에어컨이 있음에 감사합니다." 세 번째 손가락을 꼽으며 말합니다. "생각을 기록할 수 있는 도구가 되어 주는 노트북이 있어서 감사합니다.”

다음으로 네 번째 손가락부터 여섯 번째 손가락까지는 지금 머무르고 있는 공간 외부에 있는 사물과 자연에 감사를 표현해 봅니다. 네 번째로 말합니다. “학교까지 가는 동안 이동 수단이 되는 자전거가 있어서 감사합니다.” 다섯 번째로 말합니다. “교정에 아름답게 피어 있는 꽃들과 나무들에 감사합니다.” 여섯 번째로 말합니다. “시원하게 불어오는 바람에 감사합니다.”

이제 나머지 네 손가락을 하나씩 접을 때마다 감사하고 싶은 사람을 떠올려 보세요. “아침마다 나를 깨워 주시는 엄마께 감사합니다.” “오늘 볼펜을 빌려준 친절한 친구에게 감사합니다.” “수업 내용을 이해하기 쉽게 설명해 주신 선생님께 감사합니다.” “맛있는 급식을 만들어 주시는 영양사 선생님께 감사합니다.”

명상을 마쳤으면 이번에는 자신에게 감사하는 점을 세 가지 정도 생각해서 적어 봅니다. 한 번에 하나씩 떠올리면서 그런 장점이 있어서 감사하다고 끄덕여 보세요. 이제 이런 나의 좋은 면을 발달시키도록 도움을 준 누군가를 떠올려 봅니다. 친구나 부모님일 수도 있고, 선생님 혹은 읽은 책의 작가들일 수도 있지요. 한 사람 한 사람 떠올리고, 그들에게 고마운 마음을 보냅니다.

자, 지금부터 자기 전에 할 수 있는 감사 명상을 함께해 보겠습니다. 감사하는 문장들을 하나하나 음미하면서 마음속으로 따라 읽어 보세요.

- 이 순간 살아 있음에 감사합니다.
- 건강하게 움직여 주는 몸에 감사합니다.
- 신선하고 맛있는 음식을 먹을 수 있음에 감사합니다.
- 오늘 하루 다양한 경험을 할 수 있어서 감사합니다.
- 다양한 경험을 통해 조금씩 배우고 성장하고 있어서 감사합니다.
- 아름다운 자연을 느끼고 즐길 수 있어서 감사합니다.
- 나를 진심으로 대해 주는 친구들이 있음에 감사합니다.
- 나를 돌봐주고 사랑해 주는 가족이 있음에 감사합니다.
- 나를 가르쳐 주시는 선생님들이 계심에 감사합니다.
- 나를 응원해 주는 모든 사람에게 감사합니다.
- 원하는 방향으로 선택할 수 있는 힘이 내 안에 있어서 감사합니다.
- 내 마음을 돌보고 스스로 사랑해 줄 수 있어서 감사합니다.
- 오늘도 무사히 하루를 마무리할 수 있어서 감사합니다.
- 이렇게 감사의 시간을 가질 수 있어서 감사합니다.

매일 지금처럼 길게 감사 명상을 하지 못해도 괜찮아요. 자기 전에 감사한 일을 세 가지만이라도 떠올리고 적어 보세요. 그리고 몇 분 동안 고요히 앉아서 심호흡하면서 머물러 보세요. 편안하고 행복한 마음으로 잠자리에 들 수 있을 거예요.

• 오늘의 명상 일기를 적어 보세요.

____

____

____

____

____

____

____

____

____

____

____

자존감이 떨어질 때

마음 일광욕 명상

나의 힘과 가능성을 찾아서

저는 제가 별로 마음에 들지 않아요. 잘난 것도 없고 남보다 잘하는 것도 없는 것 같거든요. 친구들에게 인기가 많은 것도 아니고요. 저도 제가 별로인데 누가 저를 좋아해 주겠어요? 평소에 자신감도 없고 별로 눈에 띄고 싶지 않아요. 그냥 조용히 구석에 처박혀서 지내는 게 저한테는 제일 나은 거 같아요. 이렇게 지내는 게 마음 편하다고 생각하면서도 가끔 슬프고 우울해요.

자존감이 높은 사람이 행복하다든가 친구도 많다든가 하는 이야기를 들어 본 적 있나요? 자존감을 키워야 하고 그런 사람이 성공한다는 식의 이야기가 여러분도 낯설지는 않을 거예요.

그런데 생각해 봅시다. 뭔가 잘해 냈을 때는 성취감을 느끼고 자존감이 높아지지만, 실패하거나 실수했을 때는 왠지 위축되고 자존감이 떨어지지 않았나요? 멋진 결과가 있을 때만 자신을 사랑하고 인정한다면 계속 자존감을 채우기는 어려워요. 평생 실수나 실패 없이 살아갈 수는 없으니까요.

나에게 뭔가 부족한 점이 있다고 느끼거나 달라지고 싶다는 생각이 들 때 다그치는 방식으로는 자신을 바꾸기 어렵습니다. 오히려 약한 면을 보듬어 주고 작은 부분이라도 좋은 점을 찾아서 인정해 주는 것이 훨씬 효과적이지요. 누군가가 못마땅해하면서 '이건 이렇게 바꿔라, 저건 저렇게 바꿔라.' 하고 지적할 때 그 말을 선뜻 귀담아듣게 되지는 않잖아요. 듣기 싫어지고 반발하는 마음이 생기기가 더 쉽지요.

들고 싶어 하는 말이 뭔지는 자신이 제일 잘 알고 있어요. 그 말을 스스로에게 해 주면 됩니다. 누군가가 자신의 마음을 잘 알아주고 적절하게 공감해 준다면 정말 고맙겠지만, 스스로에게 그런 역할을 해 줄 수 있다면 다른 사람이 곁에 없을 때도 마음의 힘을 회복할 수 있답니다.

힘든 시간을 보내고 있는 친구를 대하듯이 자신을 돌보는 것을 자기연민이라고 한다고 이야기했었지요? 누구나 나처럼 힘들 수 있고, 스스로를 도울 수 있다는 것을 꼭 기억하세요. 기분이 좋아지려고 자신에게 친절하게 대하는 것이 아니에요. 기분이 좋지 않을 때 자기에게 따뜻하게 대해 주는 것이지요.

잘 못하거나 부족한 부분에만 초점을 맞추면 이미 잘하고 있는 것이나 장점을 알아차리기 어려워요. 자신의 장점과 힘을 발견할 수 있는 간단한 활동을 소개합니다.[8] 다음 네 문장을 소리 내서 세 번씩 읽어 보세요.

- 나는 할 수 있다. 나는 할 것이다. 나는 가지고 있다. 나는 '나'다.

이제 괄호 안에 원하는 내용을 넣어서 문장을 완성해 보세요. 이때 주의할 점은 네 개의 문장이 연결되도록 적는 것입니다. 이런 식으로 말이에요.

- 나는 (실수)할 수 있다. 나는 (실수를 통해 많이 배울) 것이다. 나는 (실수를 반복하지 않고 고쳐 나가려는 마음을) 가지고 있다. 나는 (성찰하고 성장하는) '나'다.

- 나는 (친구의 잘못된 요구를 거절) 할 수 있다. 나는 (내가 원하는 선택을 할) 것이다. 나는 (현명한 판단을 내릴 힘을) 가지고 있다. 나는 (양심에 따라 행동할 수 있는) '나'다.

자, 이제 여러분이 자신에게 들려주고 싶은 이야기를 적어 봅시다.

• 나는 (

　　　　　　　　　　　　　　　　　　　　) 할 수 있다.

• 나는 (

　　　　　　　　　　　　　　　　　　　　) 것이다.

• 나는 (

　　　　　　　　　　　　　　　　　　　　) 가지고 있다.

• 나는 (

　　　　　　　　　　　　　　　　　　　　) '나'다.

방금 만든 네 문장을 반복해서 말해 보세요. 어때요? 자신의 가능성이 좀 더 와 닿지 않나요? 꼭 잘한 일이 아니더라도 그 일을 통해서 무엇을 배웠고, 자신이 어떤 장점과 태도를 갖추고 있는지 발견하는 계기가 되었기를 바랍니다.

마음 일광욕 명상

우선 자세를 편안하게 하고 앉아 봅니다. 허리는 곧게 세우고 몸에 힘을 빼 편안하게 합니다. 손은 무릎 위에 올려놓고, 손바닥을 위로 향하게 둡니다. 이제 숨을 코로 천천히 들이마시고,

입으로 부드럽게 내쉽니다. 한 번 더 천천히 들이마시고, 천천히 내쉽니다. 다시 한번 천천히 들이마시고, 천천히 내쉽니다. 숨이 들어오고 나가는 길을 따라 마음을 고요하게 가라앉힙니다.

자, 눈앞에 멋진 해변이 펼쳐져 있다고 상상해 봅시다. 햇살이 반짝이고, 하늘은 아주 맑고 푸릅니다. 바닷물이 투명하게 빛나고 있고, 파도는 부드럽게 밀려왔다가 사라집니다.

지금 나는 고운 모래 위에 조용히 누워 있습니다. 따뜻한 모래가 몸을 포근하게 받치고, 햇살이 부드럽게 내려와 온몸을 감쌉니다. 그 따뜻함이 마음속까지 천천히 스며듭니다.

이 온기는 지금 나에게 꼭 필요한 따뜻함입니다. 그 안에서 마음이 조금씩 풀려나가고 있음을 느껴 봅니다. 햇살은 다그치지도 않고, 판단하지도 않습니다. 그저 그대로의 나를 비추며 말해 줍니다. "그래, 괜찮아. 충분히 잘하고 있어." 그 말을 마음 깊이 새겨 봅니다. 마치 바람이 지나가듯 걱정과 불안이 천천히 흘러가고 있음을 느껴 보세요.

이제 다시 한번 숨을 깊게 들이마시고 내쉴 때마다 긴장이 몸 밖으로 빠져나간다고 상상합니다. 몸이 한결 가벼워지고 마음이 따뜻해집니다. 햇살처럼 부드럽게 자신을 감싸안아 주세요. "이 또한 지나가는 일이야." "지금 이대로도 충분해." 이 말을 마음속에서 조용히 되뇌며, 나에게 따뜻한 온기를 선물합니다. 무슨 일이 일어나든, 그 사건은 흘러가고 새로운 일들이 찾아오리라는 것을 우리는 이미 알고 있습니다.

따뜻한 햇살을 받으면서 깊은 평온함을 느껴 보세요. 조건 없이 받아들여지고 있음을 느껴 보세요. 스스로를 따뜻하게 대하며 소중하게 여기라는 지혜를 자신에게 전해 봅니다. 숨을 천천히 들이마시고 천천히 내쉽니다. 세 번 반복합니다. 이제 편안하게 눈을 뜨고 지금, 여기로 돌아오면 됩니다. '마음에 햇살을 비추는 명상'을 마치겠습니다.

• 오늘의 명상 일기를 적어 보세요.

____

____

____

____

____

____

____

____

____

____

• 오늘의 명상 일기를 적어 보세요.

내 몸이
마음에 안 들 때

몸 사랑 명상

바디 이미지 떠올려 보기

더운데도 왜 긴팔 옷을 입고 다니냐고요? 왜 겉옷을 벗지 않느냐고요? 저는 제 몸이 마음에 안 들어요. 저도 예쁜 디자인의 옷을 입고 멋져 보이고 싶을 때도 있지만, 지금 몸매로는 불가능해요. 제 몸을 보면 다들 비웃을까 봐 두려워요. 되도록 펑퍼짐한 옷으로 가리고 옷 색깔도 무채색으로 골라요. 거울 보기도 싫고, 그냥 제가 마음에 안 들어요.

"키가 너무 커." "키가 너무 작아." "너무 뚱뚱해." "너무 말랐어."처럼 누군가의 외모에 대해 평가하는 일이 잦은 우리 사회에서 자신의 모습을 있는 그대로 사랑하기란 쉽지 않아요. 일단 잘못은 다른 사람의 외모를 함부로 평가하는 사람에게 있습니다. 하지만 우리가 사회에서 살아가는 존재인 만큼 이런 말을 들으면 특정 기준에 몸을 맞춰야 할 것 같은 압박감을 느낄 수 있지요.

저 역시 제 몸의 모든 부분을 사랑하기란 쉽지 않아요. 특히

뱃살이 고민이라 새 옷을 살 때는 어떻게 하면 조금이라도 날씬해 보일까 생각하면서 주로 달라붙지 않는 옷을 고른답니다. 볼살이 많은 얼굴이 너무 동그랗게 보일까 봐 옆모습이 사진으로 찍히는 걸 꺼리기도 하고요.

잠시 눈을 감고 자신의 몸 전체를 머릿속에 그려 볼까요? 얼굴, 팔, 다리 등을 천천히 떠올려 봅시다. 방금 여러분이 눈을 감고 떠올린 것처럼 마음속에 형상화한 신체의 모습과 그에 관한 자신의 관심, 만족도 등을 '바디 이미지'라고 해요.

뇌는 마치 사진기가 대상을 찍듯이 자신의 몸에 대한 이미지도 사진처럼 머릿속에 저장해요. 그 사진 속에서 '나는 이런 사람이야. 내 모습은 이러해.'라는 바디 이미지를 만들게 되지요. 우리는 마음속에 있는 이미지로 자신을 판단하면서 항상 부족하다고 여기고 있는 것은 아닐까요?

- 다음 그림 옆에 나의 바디 이미지를 작성해 봅시다. 무거운 물건 들기나 빠르게 달리기처럼 몸의 부위가 하는 역할, 건강 상태, 마음에 들거나 들지 않는 부분 등 몸에 관한 생각을 솔직하게 적어 보세요.

이렇게 몸을 구석구석 떠올려 보면 평소에 미처 깨닫지 못한

몸에 대한 생각과 감정을 발견할 수 있습니다. 스스로를 부족하게 여기는 말이 자신도 모르는 사이 마음속에 자리 잡았을 수도 있고, 그동안 몰랐던 장점을 새롭게 찾을 수도 있지요.

세상의 모든 일을 완벽하게 할 수 있는 사람이 없는 것처럼, 흔히 사회에서 멋지다고 이야기하는 기준에 딱 맞아떨어지지 않는 몸은 지극히 자연스럽습니다. 완벽하지 않더라도 어떻게 하면 좀 더 편안하게 몸을 받아들이고 돌보면서 살아갈 수 있을까요?

몸 사랑 명상

지금부터 몸에 대한 명상을 함께해 보겠습니다. 가볍게 눈을 감고 편안한 자세로 앉아 봅니다. 지금, 이 순간 자신의 몸에 집중하고자 하는 의도를 마음속으로 떠올립니다.

숨을 코로 들이쉬고 입으로 천천히 내쉬어 봅니다. 몸에 좋은 에너지를 채운다고 생각하며 숨을 들이쉬고, 그 에너지를 몸 구석구석으로 보낸다고 생각하며 내쉬어 봅니다.

이제 평소에 사랑을 주지 않았던 내 몸에 관심을 기울여 봅니다. 마음에 들지 않는 부위, 자꾸 감추고 싶은 부위가 있나요? 평소에 그 부분에 관해 어떤 불만의 말을 하고 있었나요? "너무 뚱뚱해. 너무 작아. 너무 약해. 너무 이상해. 예쁘지 않아."

늘 불만족스럽게 여겼던 몸의 부위에 손을 부드럽게 올려 봅니다. 그리고 그 부분을 천천히 어루만지면서 따뜻한 마음을 함께 보내 봅니다. 지금 그 신체 부위에 어떤 느낌이 드나요?

몸이 그동안 나를 위해 해 줬던 일을 생각해 봅니다. 몸을 위로하고 사랑하는 말을 전해 봅니다. '오늘도 너는 나를 위해서 애썼구나. 너는 나를 위해 열심히 일했구나.' '오늘도 내가 너를 힘들게 했구나. 충분히 알아주지 못해서 미안해. 고생하게 해서 미안해.'

천천히 호흡하면서 손을 올려놓은 그 부분에 사랑과 감사의 에너지를 보냅니다. 아주 따뜻하고 건강한 빛이 그곳의 세포 하나하나까지 밝혀 준다고 상상해 보세요. 자신이 어루만지는 그 부위의 긴장이 풀리고 이완되는 것을 느껴 보세요.

이제 자기 자신에게 약속합니다. '나를 위해 애쓰는 부지런한 몸을 미워하지 않겠습니다. 나의 소중한 몸을 아끼고 보살피겠습니다. 내 몸을 잘 살피고 돌보겠습니다.' 몸과의 약속이 끝나면 눈을 뜨고 지금, 여기로 다시 천천히 돌아옵니다.

- 부정적인 바디 이미지를 버리고 몸 사랑 명상을 하고 난 소감을 글로 표현해 봅시다.

____

____

____

____

____

____

잠이 잘 안 올 때

이완을 위한 바디 스캔 명상

잠 못 이루는 밤을 보내고 있다면

요즘 몸이 피곤해서 자려고 누워도 이상하게 쉽게 잠이 들지 않아요. 머리로는 자고 싶고 몸도 무척 피곤한데 잠들 수 없어서 힘들어요. 새벽까지 계속 말똥말똥하게 있다가 제대로 못 자고 아침에 일어나려면 너무 피곤해요. 빨리 자고 싶은데도 잠이 안 올 때 도움이 되는 명상이 있을까요?

우리 몸은 원래 밤이 되면 잠을 자도록 설계되어 있어요. 몸에서는 잠이 오게 하는 호르몬인 멜라토닌이 만들어집니다. 이 호르몬은 어두워지면 활동해요. 그런데 요즘 우리는 밤에도 환하게 불을 밝히고 있지요. 혹시 자기 전까지 스마트폰 화면을 들여다보고 있지는 않나요?

스마트폰과 같은 디지털 기기에서 나오는 블루라이트는 멜라토닌 분비를 감소시켜 수면을 방해합니다. 블루라이트의 빛이 뇌가 밤이 아니라 낮이라고 착각하게 하거든요.[9] 사실 자는 동안에도 우리 뇌는 많은 일을 해요. 하루 종일 새로 습득한 지식을 오래 기억하려고 보관하는 과정이 주로 수면 중에 일어납니다.[10] 자는 동안 부정적인 감정이 어느 정도 해소되기도 하고요. 수면 시간은 몸과 마음이 쉬는 시간이지요.

잠을 잘 자는 것은 몸의 건강뿐 아니라 마음 건강에도 도움이 되는 일인데, 며칠째 잠을 제대로 이루지 못한다니 정말 힘들겠네요. 잠드는 데 도움을 주는 방법 세 가지를 소개할게요.

먼저 '밤하늘에 일기 쓰기'인데요. 잠을 자려고 누웠을 때 낮에 있었던 속상한 일이나 불쾌했던 감정이 떠오를 때가 있지요. 그럴 때 누워서 눈을 감고 밤하늘을 떠올려 봅니다. 지금 손에 흰색 펜이 있다고 상상하고 까만 밤하늘에 그날 있었던 좋은 일과 나쁜 일을 모두 적어 보는 거예요.

적어 놓은 나쁜 일이 별똥별처럼 하늘에서 떨어지는 모습을 상상해 보세요. 좋은 일은 별자리처럼 하늘에서 빛나는 모습으로 남겨 두세요. 별이 빛나는 밤하늘에는 좋은 일들만 적혀 있도록요. 이제 방 침대에 몸이 딱 붙어 있다는 것을 알아차리고 지금, 이 순간으로 돌아옵니다.

두 번째는 '걱정을 가져가는 기차'라는 방법이에요. 지금부터 해야 할 일들을 모두 이 기차에 맡깁니다. 먼저 걱정을 기차에 태웁니다. 그 기차를 출발시키세요. 미래의 자신에게 기차를 보내 버리고 기차역에서 손을 흔듭니다.

만약 그래도 계속 생각이 떠오른다면 차라리 그것에 대해 집중적으로 정리해 보는 것도 방법입니다. 대신 10분이나 15분처럼 시간을 딱 정하세요. 그리고 떠오르는 아이디어를 스마트폰에 메모하거나 내일 할 일들의 목록을 적어 두세요. 그 일을 언제 할지 시간도 정해 보세요. 그렇게 10분이 지나면 다시 기차를 출발시키고 잊어버리는 거예요.

세 번째 방법은 자기 전에 하는 '바디 스캔 명상'입니다. 저는 이 방법을 가장 추천해요. 몸을 스캐너에 집어넣고 스캔한다고 연상하면 쉽지요. 머리부터 발끝까지 하나하나 감각을 느끼면서 내려가는 거예요. 앉아서 할 수도 있고, 누워서 할 수도 있어요. 휴식을 취하고 싶을 때 상황이 된다면 누워서 하면 참 좋아요. 불면증에도 무척 효과가 있는 명상이랍니다.

이완을 위한 바디 스캔 명상

편안하게 누워서 눈을 감습니다. 손은 몸통 옆에 편하게 두고 손바닥이 위를 향하도록 합니다. 다리는 너무 붙이지 말고 자연스럽게 자리 잡도록 합니다.

이제 호흡에 주의를 둡니다. 숨을 천천히 들이마시고, 천천히 내쉽니다. 세 번 반복합니다. 몸 안으로 들어오는 호흡을 가만히 느껴 봅니다. 숨이 천천히 들어오고 다시 천천히 빠져나가면서 몸이 조금씩 이완되는 것을 느껴 봅니다. 숨을 조금 더 길게 내쉬면 몸이 더 잘 이완됩니다.

너무 무리해서 느리게 하려고 애쓰지 않아도 좋습니다. 자신의 흐름에 맞게 숨을 천천히 들이마시고 내쉬어 보세요. 나가는 숨에 몸의 답답한 에너지가 빠져나가는 것을 느껴 보세요. 호흡과 함께 몸이 조금씩 편안하게 이완되는 것을 느껴 봅니다.

이제 발에 주의를 집중합니다. 발가락, 발바닥, 발뒤꿈치 그리고 발등에 무엇이 느껴지는지 알아차립니다. 이번에는 발목에 집중해 봅니다. 불편한 부분이 있는지 느껴 보고, 그 감각이 발가락 끝을 지나 흘러 나간다고 상상해 보세요.

이제 두 다리를 느껴 봅니다. 무의식적으로 힘을 주고 있지는 않은지 가만히 느껴 봅니다. 숨을 천천히 들이마시고 내쉬면서 두 다리의 긴장이 서서히 빠져나가는 것을 느껴 보세요.

이번에는 무릎을 느껴 볼까요? 허벅지로 주의를 옮겼다가 엉덩이에도 집중해 봅니다. 몸을 조금씩 움직이면서 긴장을 풀어 줍니다. 긴장이 허벅지로 흘러내리고, 무릎을 통해 종아리와 발 그리고 발가락을 지나 바닥으로 흘러 나간다고 상상해 보세요.

배를 한번 느껴 봅니다. 배가 편안한지 느껴 봅니다. 부드럽게 천천히 들이마시고 내쉬는 숨과 함께 움직이는 배를 느껴 보세요. 그 자연스러운 움직임을 느껴 봅니다.

가슴도 느껴 봅니다. 숨을 깊이 들이마시면서 공기로 폐를 가득 채웁니다. 숨을 내쉬면서 놓아 버리고 싶은 것들을 모두 놓아 줍니다. 가슴이 답답하다면 숨을 천천히 들이마시고 내쉬어 보세요. 숨을 조금 더 깊게 천천히 들이마시고 내쉬어 보세요. 한결 편안해질 거예요. 들이마시고 내쉴 때 몸과 마음을 이완시킵니다.

이제 등에 주의를 가져가 봅니다. 많은 긴장이 여기에 머물러 있지만 필요한 것들이 아니니 바닥으로 흘려보내세요.

얼굴을 느껴 봅니다. 얼굴 근육이 경직되어 있지는 않은지, 혹시 인상을 쓰고 있지는 않은지 느껴 봅니다. 얼굴에 힘을 주고 있다면 천천히 그 힘을 풀어 줍니다. 살짝 미소를 지어 봅니다.

이제 머리를 느껴 봅니다. 머리를 부드럽게 움직여 긴장을 풀어 주세요. 머리가 무겁지는 않은지, 지끈거리지는 않는지 느껴 봅니다. 여러 가지 생각이 복잡하게 든다면 잠시 그 생각에서 빠져나와 봅니다. 걱정거리나 해야 할 일에 관한 생각을 잠시 내려놓고, 이완될 수 있도록 숨을 천천히 들이마시고 천천히 내쉽니다. 한 번 더 천천히 들이마시고, 천천히 내쉽니다. 머리가 조금씩 느슨해지고 편안해지기 시작합니다.

온몸이 깊이 이완되는 것을 느껴 보세요. 호흡과 함께 몸이 완전히 편안해지고 있습니다. 숨을 천천히 들이마시고, 내쉽니다. 한 번 더 천천히 들이마시고, 내쉽니다. 마지막으로 천천히 깊게 들이마시고, 내쉽니다.

• 오늘의 명상 일기를 적어 보세요.

미래가 불안할 때

참자아 명상

내 안의 불안과 마주하기

요즘 자주 불안한 생각이 들어요. '내일까지 학원 숙제를 다 못해 가면 어떡하지?' '저번에 했던 이야기 때문에 친구들이 나를 싫어하지 않을까?' '이번 시험을 망쳐서 대학에 못 가면 내 인생은 어떻게 되는 거지?' 이렇게 시도 때도 없이 불안이 찾아와요. 마음을 달래고 싶어서 게임을 하기도 하고 재미있는 영상을 찾아보기도 하지만 나아지는 건 그때뿐이어서 힘들어요.

최근에 저도 학급에서 일어난 사건들에 대처하느라 고생을 좀 했습니다. 그래서인지 주말에 우리 반을 떠올리기만 해도 가슴이 두근거리고 머리가 지끈거리는 몸의 반응이 나타났어요. '그런 일이 또 반복되면 어떻게 하지?', '이 문제를 어떻게 해결하면 좋지?' 하는 생각이 잇따르면서 머리가 점점 더 아파지더군요.

몸과 마음이 힘들 때 우리는 그 느낌을 떨쳐 버리고 싶어 하지만, 마음먹은 대로 쉽게 사라지지 않는다는 걸 종종 경험합니다. 이럴 때는 우선 알아차리는 것이 중요해요. '아, 내가 지금 스트레스를 받고 있구나.' 하고 말이지요.

저는 잠시 멈추고, 감각과 느낌을 있는 그대로 느껴 보기로 했습니다. 조용한 장소에서 눈을 감고 그 느낌에 잠시 머물러 봤어요. 억지로 떨쳐 버리거나 빨리 없애려 하지 않고, 그저 그 느낌을 만나 경험한다는 마음으로 1~2분 정도 가만히 있었습니다. 그러면서 속으로 '응, 그래. 괜찮아.' 하고 저 자신을 다독여 봤어요.

그리고 그 느낌에 이름을 붙여 봤습니다. '긴장되는', '지끈지끈한', '답답한', '걱정되는', '속상한' 같은 단어들을 떠올리다 보니, '불안한'이라는 단어에 제 몸이 반응했어요. 그때 저는 '내 안의 불안이를 만났구나.' 하고 생각했지요.

혹시 〈인사이드 아웃 2〉라는 영화를 보셨나요? 이 영화에는 감정을 의인화한 캐릭터들이 등장합니다. 그중 '불안이'는 사춘기 라일리를 도우려고 열심히 일하지만 라일리를 더욱 힘들게 하지요.

여러분의 마음 안에도 불안이가 있을 거예요. 오늘은 불안이의 이야기에 귀 기울여 보는 활동을 할 거예요. 불안이는 지금 어떤 표정인지, 어떤 말을 하고 싶어 하는지, 불안이가 정말로 원하는 것은 무엇인지 들어 봅시다.

- 최근에 불안이가 찾아온 순간은 언제였나요? 어떤 상황이
  었나요?

____

____

____

- 불안이가 찾아왔을 때 떠올랐던 생각을 모두 적어 보세요.

____

____

____

- 불안이가 왔을 때 몸의 반응은 어떻게 나타났나요? 그때의
  느낌과 감각을 적어 보세요.

____

____

____

불안이 심할 땐 몸으로 반응이 나타나기도 해요. 머리가 아

프거나 배가 살살 아파 올 수도 있지요. 이럴 때는 '내가 지금 불안하구나.' 하고 알아차려 주세요. '불안아, 네가 또 내 배를 아프게 하는구나. 나를 도우려고 그래? 내가 뭔가를 좀 준비하면 좋겠어? 뭘 확인하면 안심이 될 것 같아?' 하고 마음속 불안이에게 물어보면 도움이 됩니다.

누워서 두 눈을 감고 몸의 어느 부분에서 불안이 느껴지는지 찾아보세요. 그곳으로 천천히 호흡을 보내 보세요. 숨을 천천히 들이쉬고 내쉬면서 부위별로 세 번씩 호흡을 보내 봅니다. 호흡으로 불안이를 마사지해 준다고 상상해 보세요. 불안이가 조금씩 안심하는 것이 느껴지나요? 부풀었던 불안이의 크기가 작아졌는지, 표정은 조금 편안해졌는지 살펴보세요.

불안할 때 효과적인 호흡법을 하나 알려 드릴게요. '4, 7, 8' 호흡법이에요. 속으로 숫자를 세면서 4초 동안 숨을 들이마시고, 7초 동안 숨을 참았다가 8초 동안 입으로 천천히 숨을 내쉽니다. 이 과정을 반복해 봅니다.

저도 이렇게 호흡하며 불안이를 바라봤더니, 놀랍게도 힘든 감각들이 조금씩 누그러지는 느낌이 들었어요. 커다란 덩어리가 서서히 녹아내리듯, 마음이 부드럽게 풀어지는 듯했지요. 불안이를 따뜻하게 토닥이며 속으로 물어봤습니다.

'지금, 네가 원하는 게 뭐니?' 그러자 마음속에서 이런 문장들이 떠올랐어요. '나는 안심이 필요해. 우리 반을 떠올릴 때 안심이 되면 좋겠어. 학생들이 잘 지내고 있다는 안심, 그리고 결국은 잘 성장할 거라는 안심 말이야.'

'안심'이라는 욕구를 만나는 순간, 마음이 한결 편안해졌습니다. 이때 불안이가 원하는 것을 물어 주고, 그 마음을 인정하고 따뜻하게 어루만져 주는 또 다른 제가 있지요. 아주 지혜롭고 너그러운 제 안의 존재 말이에요.

이렇게 내면에 있는 현명함을 '참자아'라고 부릅니다. 우리 안에는 자신의 부분적인 모습들을 조율하고 공감해 주는 '큰 나'가 있답니다. 앞에서 배운 전전두피질의 역할이기도 하지요.

불안함이 찾아올 때나 힘든 일이 있을 때 누군가에게 조언을 구하는 것도 방법이지만 나와의 대화가 무엇보다 큰 도움이 됩니다. 지금 정말 무엇을 원하는지는 자신이 가장 잘 알고 있으니까요. 문제를 해결하는 방법에 관해 다양한 의견을 구해 볼 수도 있지만, 어디까지나 결정하는 사람은 자기 자신이거든요.

그래서 저는 책도 참고하고 다른 사람들의 의견도 들으며 인터넷에서 검색도 하지만, 이 모든 것을 종합해서 고려할 때 자기 안에서 나오는 지혜가 가장 안전하고 힘이 세다고 말하고 싶어요.

참자아 명상

눈을 감고 심호흡하면서 긴장을 풀어 봅니다. 입을 살짝 벌리고 어깨의 힘을 빼 봅니다. 숨을 내쉴 때 손바닥, 발바닥을 통해 몸의 긴장이 함께 빠져나가는 것을 느껴 봅니다.

심장으로 숨을 들이쉬고, 심장을 통해 숨을 내쉰다고 상상해 보세요. 공기가 들어오면서 심장이 부풀어 오르고, 내쉴 때 심장에서 햇살이 흘러나오는 모습을 상상해 봅니다. 이제 우리는 내면에 있는 현명함을 만나러 갈 거예요.

마음 깊은 곳에는 고요하고 지혜로운 참자아가 있습니다. 열린 마음으로 아름다운 숲속을 산책한다고 상상해 봅니다. 지금 앞에는 어떤 풍경이 펼쳐져 있나요? 햇빛에 아른거리는 나뭇잎이 보이나요? 숲에서 싱그러운 냄새가 느껴지나요?

조금 더 걸어 들어가 봅시다. 오른쪽으로 작은 오솔길이 나 있네요. 그 길이 마치 이리로 오라고 손짓하는 것 같습니다. 길을 따라가다 보니 숲은 사라지고 광활한 전경이 눈앞에 펼쳐집니다. 저 멀리에 커다란 집이 보이네요. 무척 크고 아름다운 집입니다. 집 안으로 들어가 깔끔하게 정돈된 계단을 올라가서 제일 높은 곳에 있는 넓은 방으로 들어갑니다.

그곳에는 나의 참자아가 기다리고 있습니다. 지금보다 나이가 든 현명한 자신의 모습일 수도 있고, 자신이 생각하는 가장 현명한 사람의 모습일 수도 있습니다. 참자아는 사랑이 가득한 눈빛으로 이렇게 말합니다.

"나는 항상 너를 지켜보고 있단다. 언제나 너를 응원하고 지지할 거야. 위로나 조언이 필요하면 언제든지 나를 만나러 올 수 있단다."

참아자가 이야기합니다. 가야 할 길에 대해 어떤 질문이라도 해 보라고 말합니다. 질문이 떠오르면 질문하고, 대답을 기다리세요. 대답은 말로 떠오를 수도 있고, 감각이나 직관으로 다가올 수도 있습니다. 참자아는 나에게 정말 필요했던 지혜와 힘을 빌려줍니다. 그리고 내가 원하는 방향으로 나아갈 수 있도록 도와줍니다.

참자아가 선물을 주네요. 선물 상자에는 무엇이 담겨 있을까요? 다음 단어들을 한번 떠올려 볼까요? 침착함, 명료함, 연민, 연결, 자신감, 담대함, 창의성, 호기심. 이 모든 것은 자기 안에 있는 참자아의 특성이랍니다. 이 중에 가장 마음에 와닿은 한 단어를 떠올리며 잠시 머물러 봅니다.

나의 참자아에게 감사의 인사를 전합니다. 자신에게 주어진 것을 가슴 깊이 받아들이세요. 이제, 심호흡을 하고 부드럽게 지금, 여기로 돌아오세요.

나한테만 안 좋은 일이 일어난다고 느낄 때

생각 탐구 명상

부정적 생각의 악순환에서 벗어나기

조금 전에 복도에서 작년에 같은 반이었던 친구를 만났는데 저를 째려보고 그냥 가 버렸어요. 어찌나 기분이 나쁘고 신경이 쓰이던지요. '나를 싫어하나? 어제까지 웃으면서 잘 인사했는데 왜 저러지? 이상한 아이네. 아니면 내가 뭘 실수했나?' 하는 생각이 계속 떠올라요. 유독 저한테만 안 좋은 일이 자주 일어나는 것 같아서 속상해요.

우리는 하루에도 수많은 생각을 합니다. 그 생각이 모두 사실인 것은 아니에요. 친구가 지나가면서 째려보고 갔다는 것은 자신의 생각이고, 판단입니다. 친구는 그냥 한번 쳐다보고 갔을 수도 있고 다른 쪽을 쳐다본 건데, 내가 째려봤다고 여겼을 수도 있어요. 친구의 사정은 친구만 알 뿐인데, 우리는 상대방의 어떤 말이나 행동을 보면서 자동으로 판단합니다.

전에 제가 학교 벤치에 앉아서 혼자 명상했던 적이 있어요. 멀리서 그 모습을 본 동료 선생님께서 '무슨 심각한 고민이 있나보다.' 하고 짐작했다고 하시더라고요. 그 순간 저는 무척 행복한 시간을 보내고 있었는데, 그분은 저를 보며 안타까워하셨던 거예요. 저에게 물어보고 확인하지 않았다면 자신의 생각을 계속 믿고 계셨을지도 모르지요. 이렇게 어떤 것을 보거나 들을 때 자신도 모르게 툭 떠오르는 생각을 '자동적 생각'이라고 합니다.

어떤 사람이 길에서 뱀을 발견했다고 가정해 봅시다. 그 사람은 '아이고, 징그러워라. 얼른 도망가야겠다!' 하고 생각합니다. 하지만 뱀을 돌보는 수의사라면 '와, 저 뱀은 비늘이 참 반짝거리는구나.'라는 생각부터 떠올릴 수도 있는 거예요.

같은 뱀을 보고도 떠오르는 자동적인 생각이 다르다는 것이지요. 살아온 환경이나 그동안의 경험, 성격이나 기질 등이 사람마다 다르기 때문일 것입니다. 그래서 같은 것을 보고 모두 똑같이 생각하지 않음을 아는 것이 중요해요. 이러한 관점을 갖추지 못하면 무조건 자기 생각이 옳다고 주장하기 쉽거든요.

자동적 생각에는 여러 유형이 있어요. "저 친구는 나를 싫어해."라고 상대의 마음을 다 아는 것처럼 판단해 버리는 독심술 유형이 있습니다. "앞으로 저 친구는 나에게 말도 걸지 않을 거야. 나랑 절교하려고 하는 거야." 하고 성급하게 극단적인 결론을 내는 경우도 있어요.

그런가 하면 "저런 아이는 정말 나쁜 아이야.", "완전 천사다, 천사야.”처럼 이분법으로 나눠 생각하기도 하고요. “걔는 인성 쓰레기야.”라고 바로 판단의 딱지를 붙여 버리는 유형, “분명 내가 뭔가 잘못한 게 있었을 거야. 다 내 탓이야.”라며 뭐든지 자기 탓으로 돌리는 패턴도 있지요. 또 “유독 나한테만 안 좋은 일이 많이 일어나는 것 같아.”라고 모든 일을 자기와 관련된 것으로 해석하기도 해요.

앞에서 설명한 부정성 편향 이야기를 기억하나요? 사람들은 일반적으로 긍정적인 면보다 부정적인 면을 많이 보는 경향이 있다고 했잖아요. 인간이 생존하려면 위험이나 위협, 그러니까 부정적 사건에 더 민감할 필요가 있었던 거예요. ‘맛있는 열매를 발견했다.’라는 정보보다 ‘맹수가 나타났다!’라는 정보를 더 빠르게 인식하고 오래 기억하는 것이 생존 확률을 높여 주니까요. 따라서 부정적인 자극을 더 강하게 처리하도록 뇌가 발달했다고 합니다.[11]

누가 잔뜩 칭찬해 줘도 한마디 지적을 더 크게 생각하고 곱씹게 되는 건 뇌의 이런 특징 때문이에요. 저는 부정적인 생각을 없애려고 하거나 억지로 바꾸려고 하기보다는 ‘이 생각은 나를 도우려고 온 것이구나. 나에게 무엇을 알려 주려고 하는 것일까?’라고 질문해 보기를 권하고 싶어요.

뭔가 보거나 들을 때 우리 뇌는 자동적으로 판단합니다. 지금 앞에 펼쳐진 일이 자신에게 위험한지 아닌지를 판단하는 것이지요. 그래야 우리가 안전하게 생존할 수 있으니까요. 판단하고 생각해야 놓치는 부분이 없게 할 일을 준비할 수 있고, 미래를 대비할 수 있습니다.

그런데 사람마다 자동적 사고의 패턴이 다르기 때문에 자신이 주로 어떤 식으로 생각하고 있는지 돌아봐야 해요. 자신의 패턴을 안다고 해서 바로 그것이 바뀌는 것은 아니지만, '내가 이런 패턴으로 생각하는구나.' 하고 알아차리는 것은 중요하답니다. 패턴을 알아차릴 수 있을 때 늘 해 오던 대로 반응하는 대신 좀 더 지혜로운 행동을 선택할 수 있기 때문입니다.

생각 탐구 명상 

이제부터 제가 설명하는 이미지를 마음속에 떠올려 보세요. 여러분이 분식집에서 떡볶이를 주문하고 앉아 있다고 상상해 보세요. 분식집에서 나는 냄새와 소리에 군침이 돕니다. 드디어 맛있는 떡볶이가 여러분 앞에 도착했습니다. 칼칼해 보이는 빨간 양념을 머금어 윤기가 흐르는 떡이 보입니다. 김이 모락모락 피어오르는 국물에는 좋아하는 어묵과 양파도 들어 있어요.

먹음직스럽게 느껴집니다.

드디어 떡볶이를 한 입 먹습니다. 쫄깃쫄깃한 떡의 식감, 양념이 잘 배어 있는 어묵, 아삭아삭한 파가 씹힙니다. 약간 매콤하면서도 달콤한 맛이 잘 어우러져 자꾸만 더 먹고 싶어지는 맛이네요.

자, 이제 여러분 마음속의 이미지를 지우고, 떡볶이를 생각하지 마세요. 1분만 떡볶이를 생각하지 말고 앉아 있어 봅시다. 떡볶이의 이미지가 떠오를 때마다 숫자를 세 보세요. 과연 몇 번이나 떡볶이가 떠올랐나요?

이번 활동은 생각의 특징을 탐구해 보기 위한 것이었어요. '떡볶이를 떠올리지 말아야지.'라고 생각하는 순간 아마 떡볶이의 이미지가 떠올랐을 거예요. 평소에 힘든 일이 있을 때도 마찬가지입니다. 그 생각을 그만하고 싶다고 생각하지만, 그럴수록 생각에서 벗어나기가 힘들 거예요.

그럴 때 '아, 떡볶이가 또 떠올랐네.' 하는 것처럼 알아차리고 호흡으로 주의를 돌리면 어떨까요? 마음은 끊임없이 재잘거리고 생각은 떠올랐다가 사라집니다. 이것은 자연스러운 현상이에요. 불쾌한 생각을 없애려고 노력하는 대신 호기심으로 생각을 알아차리고 다룰 수 있어요. 불쾌한 생각이 나타나더라도 '생각이 나를 도우려고 나타났구나.' 하고 알아주세요. 우리는

생각이 어떤 것인지 관찰할 수 있고, 마음챙김으로 생각을 다룰

수 있다는 것을 잊지 마세요.

• 오늘의 명상 일기를 적어 보세요.

화가 나서 마음에
응급처치가 필요할 때

화 다스리기 명상

나의 욕구 찾아보기

오늘은 무척 화가 났어요. 동생이 제 말을 무시하고 맘대로 제 물건을 가져다 쓰더라고요. 그러지 말라고 말했는데 아랑곳하지 않고요. 어찌나 약 오르고 열 받던지……. '나를 무시하나? 내 말이 말 같지 않나?' 하는 생각이 들어서 점점 더 화가 났어요. 다시는 이렇게 행동하지 못하게 혼내 주고 싶었어요. 그래서 소리를 지르면서 막 짜증을 냈는데, 그러고 나니 제 기분도 엉망이 되더라고요. 한편으로는 '너무 심했나?' 하는 생각에 후회스럽기도 해요.

화가 나는 상황에서 차분하게 자기 마음을 표현하는 것은 누구에게나 매우 어려운 일입니다. 저도 수업 중에 가끔 화를 내요. 돌이켜보면 부끄럽고, 좀 더 현명하게 표현하지 못한 것이 아쉽습니다.

화가 날 때는 그 에너지를 빠르게 진정시키기가 쉽지 않지요. 왜냐하면 그 에너지는 지금 자신을 향해 외치고 있는 마음의 소리와 같거든요. 이건 뭔가 잘못되었다고, 혹은 뭔가로부터 자신을 지키고 보호해야 한다고 말하고 있는 거예요.

그 에너지를 잘 달래 주지 않으면 상대방에게 거친 말을 쏟아 내서 상처를 주거나, 나중에 후회할 말이나 행동을 하게 만들기도 해요. 반대로 화를 내야 할 때 제대로 표현하지 못하면 자신을 원망하고 후회하면서 힘들게 할 수도 있지요. 그럼 어떻게 해야 제대로 화를 표현하되 파괴적이지 않은 방식으로 지혜롭게 전달할 수 있을까요?

화가 난다는 것은 자기에게 소중한 가치나 욕구가 충족되지 않았음을 의미해요. 중요한 무엇인가가 건드려졌다는 신호인 것이지요. 누군가 화를 내는 모습을 보면 피하고 싶고 불쾌하게 느껴지기도 하지만, '저 사람에게 중요한 것이 채워지지 않아서 고통을 저렇게 표현하고 있구나.'라고 생각하면 무섭고 이상하게만 보이지는 않을 거예요.

하지만 화를 표현하는 방식은 중요해요. 누군가 화가 난다고 해서 소리를 지르거나, 물건을 던지거나, 때린다면 그런 행동까지 다 받아들이라는 뜻은 아닙니다. 아들이 어릴 때 저에게 이런 말을 한 적이 있어요. "화가 난다고 말하는 건 괜찮지만 화를 마구 내지는 말아 주세요."라고요.

이 말을 들었을 때 '아하' 하는 알아차림이 있었어요. 참 적절한 표현이라는 생각도 들었고요. 아들에게 배우는 순간이었다고나 할까요? 그 말이 지금까지도 제 마음에 남아서 가끔 화가 났을 때 저를 돌아보게 합니다.

그럼 화가 날 때 어떻게 자신을 보살피면서 상대에게도 효과적으로 마음을 표현할 수 있을지 알아볼까요? 앞의 사연을 예로 차근차근 이야기해 볼게요.

- 화가 났던 상황을 먼저 떠올려 보고, 그때 누가 어떤 말이나 행동을 했는지 관찰의 형태로 적어 봅니다.
  동생이 내 물건을 말없이 가져가서 사용했다. 내가 다시 내놓으라고 말했는데도 계속 사용했다.

- 이때 나는 어떤 생각이 들었나요?
  동생이 형 말도 안 듣고 정말 싸가지가 없네. 이건 나를 무시하는 거야. 내 말이 말 같지 않구나.

- 이 말들을 한 문장씩 따옴표 안에 넣어서 말해 보세요.
  나는 나 자신에게 '동생이 형 말도 안 듣고 정말 싸가지가 없구나.'라고 말하고 있구나. 나는 나 자신에게 '이건 나를 무시하는 거야. 내 말이 말 같지 않구나.'라고 말하고 있구나.

이런 생각 뒤에는 소중한 욕구가 있어요. '동생이 형 말도 안 듣고 정말 싸가지가 없구나.'라는 생각에서 '존중받고 싶은 마음, 배려받고 싶은 마음'을 발견할 수 있어요. '이건 나를 무시하는 거야. 내 말이 말 같지 않구나.'라는 말에도 '상대방이 자신을 중요하게 여겼으면 하는 마음, 소통하고 싶은 마음'과 같은 욕구가 포함되어 있지요. 이렇게 욕구를 찾고 나면 그 욕구에 머물러 볼 수 있어요.

'아, 나에게는 존중이 정말 중요했구나. 형과 동생이라는 질서가 지켜지기를 바랐구나. 나를 좀 더 배려해 주길 바랐구나. 내 이야기가 잘 전달되고 소통되길 원했구나.' 하고요. 이때 올라오는 느낌도 찾아봅니다. 무척 속상하고 서운한 느낌이네요.

- 지금 찾은 느낌과 욕구를 중심으로 내가 하고 싶은 부탁을 넣어서 상대방에게 표현해 보세요.
  나는 네가 내 물건을 말없이 사용하고 있는 것을 봤을 때 무척 화가 났어. 돌려달라고 했을 때도 그렇게 하지 않아서 섭섭하고 속상했지. 나는 형으로서 존중받는 것이 중요하고, 내 이야기가 잘 전달되기를 원해. 앞으로는 내 물건을 사용하려면 먼저 나에게 물어보고 동의를 구하기를 바라.

이번에는 자신과 화를 분리해서 바라보는 연습을 해 봅시다. 화라는 감정을 마치 게임 캐릭터처럼 생각해 볼까요? 너무 무서운 모양보다는 살짝 귀엽게 상상해 보는 것을 권합니다. 화를 잘 다룰 수 있도록 말이지요. 모양과 색깔을 떠올려 보고 캐릭터로 표현해 보세요. 이름도 붙여 주세요.

저는 '불꽃 소리'라고 이름을 붙였어요. 화가 나면 목소리가 커지고 가슴에 불덩어리가 생긴 것 같거든요. 색깔은 빨간색이고, 불꽃 모양으로 그리고 싶네요. 불꽃 소리의 특징은 크게 소리치는 거예요. 불꽃 소리를 어르고 달래려면 가벼운 산책이나 조용한 곳에서 휴식이 필요해요. 교실에서 화가 나면 저는 "선생님은 지금 너무 화가 납니다. 그래서 수업을 진행하기가 어려워요. 잠시 마음을 좀 가라앉힐 시간이 필요합니다."라고 말하고 잠깐 눈을 감고 호흡합니다. 저에게는 효과적인 방법이었어요.

제가 여러분에게 권하는 방법들은 이런 거예요. 물 한 컵 마시기, 밖에 나가 잠시 걷기, 천천히 세 번 이상 호흡하기, 믿을 수 있는 사람에게 털어놓기, 좋아하는 장소에서 조용히 쉬기. 여러분도 화가 났을 때 자기를 달래는 효과적인 방법이 있는지 떠올려 보세요. 음악을 듣는 사람도 있고, 친구들과 운동하거나 게임을 하는 사람도 있을 거예요.

• 이제 화를 모양과 색깔로 표현해 보고 이름도 붙여 봅시다.
특징에는 화가 날 때 자신이 주로 어떻게 행동하는지, 어떻
게 하면 화를 진정시킬 수 있는지를 적어 주세요.

그림	이름
	특징 1
	특징 2
	특징 3

화 다스리기 명상

편안하게 앉아서 허리를 바르게 폅니다. 눈을 감고 호흡으로 주의를 가져갑니다. 숨을 들이쉴 때는 편안하게 받아들이고, 숨을 내쉴 때는 긴장이 빠져나간다고 상상하면서 내보냅니다. 들이마시고 내쉬고, 들이마시고 내쉽니다.

이제 최근에 화났던 상황을 하나 떠올려 보세요. 20초 동안 머물러 봅니다. 그 상황을 떠올릴 때 몸이 어떻게 반응하는지 지금 내 몸의 감각을 느껴 봅니다. 그 상황을 떠올리면 몸에 어떤 일이 일어나는지 살펴보는 거예요.

어느 부분에서 느낌이 오나요? 목, 가슴, 배, 어깨, 등, 호흡에 어떤 변화가 있는지 알아차립니다. 이런 변화를 호기심으로 바라봅니다. 자신에게 일어나는 느낌이 불편하게 느껴질 때는 그것을 판단하는 마음을 내려놓고 '내가 지금 판단하고 있구나.' 하고 알아차립니다.

이제 나를 화나게 했던 그 상황으로 돌아가서 생각해 봅니다. 그 상황에서 상대방에 대해 뭐라고 말하고 있나요? 원한다면 일어나는 생각을 30초 동안 그대로 적어 보세요.

자신에게 이렇게 말해 봅니다. '이런 생각 때문에 내가 화가 났구나.' 지금 몸에서 느껴지는 화라는 에너지 덩어리에게 말을 건다고 상상해 보세요. 친구와 대화하는 것처럼 호기심 어린 마음으로 친절하게 물어봅니다. '그때 어떤 욕구가 채워지지 않은 거야? 네가 바라는 것은 무엇이었니? 네가 중요하고 가치 있게 여기는 것은 뭐야?'

어떤 욕구가 중요했는지 마음속에서 해답이 떠오를 겁니다. '나는 그때 정말 존중받기를 원했어. 나에게 따뜻하게 대해 주기를 바랐지.'와 같이 욕구를 찾을 수 있을 거예요.

이제 그 욕구가 완전히 충족된 상황을 상상해 봅니다. 만약 자신이 찾은 욕구가 '배려'였다면 전에 누군가가 자신을 배려해 줬던 고마운 상황을 떠올려 보는 겁니다. 만약 그런 상황이 잘 떠오르지 않는다면 내가 생각하는 이상적인 상황, 즉 누군가가 자신을 충분히 배려해 주는 상황을 상상으로 떠올려 볼 수도 있습니다.

그렇게 배려라는 욕구가 충족될 때 어떤 느낌인지, 그 느낌을 충분히 만끽합니다. 자신에게 중요한 욕구와 가치가 충분히 채워졌다고 상상하면서 잠시 머무르다 보면 몸이 조금씩 달라지는 것을 알아차릴 수 있습니다. 몸이 퍼진다든지 가슴이 시원해지면서 편안해지기도 할 거예요. 어떤 반응이 일어나든지 판단하지 않고 그냥 지금 어떤 감각들이 느껴지는지 알아차리기만 하면 됩니다.

이제 1분 동안 호흡을 즐기는 시간을 가져 봅니다. 편안하게 숨을 들이쉬고 내쉬면서 호흡하는 동안 자신이 소중하게 여기는 욕구를 가슴에 간직하면서 머무릅니다. 자, 싱잉볼 소리와 함께 지금, 여기로 돌아옵니다.

친구와 다퉜을 때

나와 같은 친구 명상

미워하는 마음이 나를 힘들게 한다면

친구와 다퉜어요. 일단 화해는 했지만, 마음이 계속 불편해요. 충분히 사과받지 못한 것 같고, 그 애가 정말 미안해하는지도 잘 모르겠어요. 저도 다 잘했다고만 할 순 없지만 왠지 억울한 마음도 남아 있고요. 그 뒤로는 약간 서먹하고 친구의 행동이나 말에 불편한 감정이 일어나요. 털어 버리고 싶긴 한데, 어떻게 해야 할지 잘 모르겠네요.

이럴 때 가장 좋은 방법은 친구와 진솔하게 대화해서 남은 감정을 시원하게 해소하는 걸 거예요. 그런데 그게 잘 안될 때가 더 많지요. 다시 이야기를 꺼내자니 옹졸해 보이는 것 같고, 더 어색해질까 봐 두려운 마음도 들 수 있어요.

'용서'에 대해 생각해 본 적이 있나요? 용서는 누구를 위해서 하는 걸까요? 사실 용서는 상대방을 위한 것이기보다는 자신을 위한 것이랍니다. 용서한다고 해서 상대방의 행동이 정당화되는 것도 아니고요. 미워하는 마음을 내려놓는다고 하는 게 더 정확한 표현일 수도 있겠네요.

용서할 수 없는 것을 억지로 용서해야 한다는 뜻은 절대로 아니에요. 마음이 편안해지려고 용서의 마음을 내 보는 겁니다. 감정이 조금 옅어지긴 했지만 아직 용서할 마음이 들지 않을 수도 있어요. 그럴 때 하면 좋은 명상을 몇 가지 알려 줄게요.

하루를 마무리할 때쯤 잠시 멈추고 명상을 위한 시간을 마련합니다. 상대방도 자신과 같은 사람이라는 것을 떠올리는 것만으로도 마음에 조금 여유가 생길 수 있어요. 단 몇 분이라도 명상하면 더 큰 평화와 이완을 경험할 수 있을 거예요. 무엇인가를 고치려고 하거나 억지로 용서하려고 하는 것이 아니라는 점을 기억하세요. 그저 따뜻한 위로의 마음으로 감정을 되돌아보세요. 오늘 느낀 다양한 감정을 흘려보내며 분한 마음을 놓아 줍니다. 그러면 기분이 풀어지면서 마음이 한결 편안해질 거예요.

손가락을 이용해서 그날 쌓인 부정적인 감정을 흘려보내는 방법도 있어요. 손가락 하나를 다른 손으로 2~5분 정도 살며시 붙잡고 있는 거예요. 왼손이든 오른손이든 상관없고, 몸에 고여 있는 감정을 천천히 흘려보낸다고 생각하면서 호흡하면 좋아요.

저는 자기 전에 이 명상을 하곤 합니다. 손가락을 쥐고 있다 보면 약간 찌릿찌릿하기도 하고, 손가락마다 다른 느낌이 들기

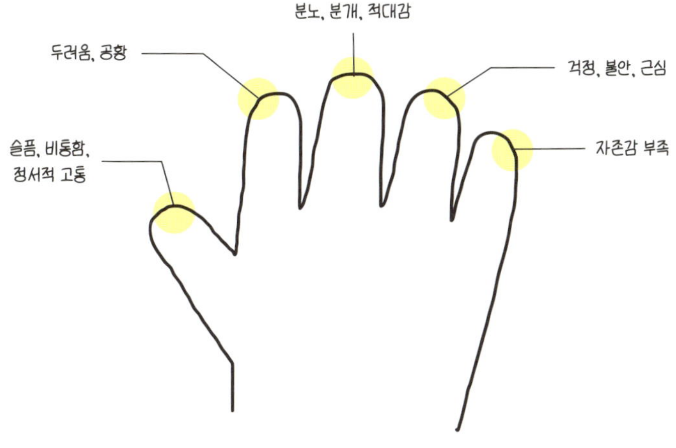

도 하더라고요. 낮에 친구와 말다툼했다거나 속상한 일이 있는 날에 이 방법을 사용해 보길 권해요. 감정이 스르르 해소되는 느낌이 들고 한결 편안하게 하루를 마무리할 수 있을 거예요.

나와 같은 친구 명상

편안하게 앉아서 눈을 감습니다. 친구 한 명을 떠올려 보세요. 한 사람으로서 인격을 지닌 친구의 이미지를 떠올립니다.

이제 그 친구에 대해 생각해 봅시다. 친구는 때때로 일상에서 주의를 놓치고 바쁘거나 지칠 때마다 습관처럼 형성된 자동적인 반응을 해 왔을 거예요. 바로 '나'처럼요. 친구는 힘든 일이 있을 때 괴로워하고 삶의 균형을 잃어버렸을지도 몰라요. 바로 '나'처럼요. 친구도 긴장을 느끼고 불안해하고 피로도 느꼈을 거예요. '내'가 그렇듯이 말이지요.

친구도 삶의 경험을 생동감 있게 느끼며 살아가길 원할 거예요. 바로 '나'처럼요. 어려운 일이 닥칠 때 슬기롭게 대처하고 싶고, 삶이 평탄하게 흘러가기를 바랄 거예요. 바로 '나'처럼 말이지요. 그 친구는 안전하고 편안하고 행복한 삶을 바랄 거예요. '나'처럼요.

혹시 마음이 조금 열린다면 이번에는 다른 친구를 한 명 떠올려 볼까요? 조금 불편한 일이 있었던 친구를 떠올리는 거예요. 마음의 준비가 되지 않았다면 이 단계는 그냥 지나가도 괜찮아요. 하지만 너무 미운 사람 말고 조금 짜증이 나거나 불편함을 느끼는 친구를 한 명은 떠올려 볼 수 있을 거예요.

친구도 때때로 일상에서 주의를 놓치고 자동적으로 반응해 왔을 거예요. 바로 우리처럼요. 친구도 힘든 일이 있을 때 괴로워하고 삶의 균형을 잃어버렸을지도 몰라요. 바로 우리처럼요. 친구도 긴장을 느끼고 불안해하고 피곤에 지친 날이 있을 거예요. 우리가 그렇듯이 말이지요.

친구도 삶의 경험을 생동감 있게 느끼며 살아가길 원할 거예요. 바로 우리처럼요. 어려운 일이 닥칠 때 슬기롭게 대처하고 싶고, 삶이 평탄하게 흘러가기를 바랄 거예요. 바로 우리처럼요. 그 친구도 안전하고 편안하고 행복한 삶을 바랄 거예요. 우리가 그렇듯이 말이지요.

이제 진심으로 바라 봅니다.

그 친구들이 일상의 작은 것에 주의를 기울이며 기쁨을 누리기를.

그 친구들이 힘든 일이 있을 때 자동적으로 반응하지 않고 균형 있게 대처하기를.

그 친구들이 안전하고 평화롭게 살아가기를.

그 친구들이 자신을 친절하게 돌보면서 살아가기를.

친구들은 모두 '나'의 이웃이자 한 인간이니까요. 바로 '나'처럼요.

수업 중 방해하는 친구들이 있을 때

소리 명상

환경을 바꿀 수 없다면

수업 중에 친구들이 떠들고 소란스러울 때 무척 짜증이 나요. 수업을 좀 더 잘 듣고 싶은데 왜 저렇게 방해하는 행동을 하는지 이해가 안 되거든요. 그러다 선생님이 화가 나시면 결국 반 전체가 꾸중을 듣고 수업 시간이 의미 없이 지나가 버리니까요. 꼭 떠드는 건 아니더라도 부스럭거리고 딴짓하는 소리도 신경 쓰이고 불편하게 느껴져요. 집중하지 못하는 아이들은 늘 있기 마련인데, 어떻게 하면 좀 편안하게 지낼 수 있을까요?

하루 중 여러분이 오랜 시간 생활하는 학교는 다양한 소음이 일어나는 공간이지요. 물론 즐거운 대화도 오가고 귀담아들을 만한 좋은 이야기를 듣는 순간도 있을 거예요. 우리가 하루 종일 듣는 소리를 유쾌한 소리, 불쾌한 소리, 중립적인 소리로 구분해 볼 수 있습니다.

사실 소리는 그냥 소리일 뿐이지만 자신의 상황과 취향, 그 순간의 욕구에 따라서 다르게 느껴집니다. 시끄러운 것이 안 좋다고 생각할 수 있지만 즐거운 파티나 댄스 음악을 공연하는 콘서트에서는 다 같이 큰 소리로 떠드는 것이 하나도 거슬리지 않을 수 있거든요. 반면 조용하게 감상해야 하는 피아노 연주회나 영화관에서는 작은 소리 하나에도 무척 예민해지지요.

우리 주변에서 들려오는 소리를 판단하는 마음을 내려놓고 가만히 듣기 명상을 해 보면 새로운 경험을 할 수 있어요. 지금 저도 카페에 와서 노트북을 켜고 이 글을 쓰고 있는데요. 오전에 한가하고 조용하던 장소가 점심시간이 되자 근처 회사원들이 몰려와서 무척 소란스러운 상태가 되었어요. '그냥 나가서 다른 장소를 찾아볼까?' 하는 생각도 들고 짜증이 나기도 하는데, 마음챙김을 하며 이 상황을 지켜보기로 마음먹었어요.

들려오는 소리에 가만히 주의를 기울입니다. 소리가 들릴 때 어떤 느낌을 불러일으키는지를 알아차려 보는 거지요. '아, 이 소리는 내가 좋아하는 소리구나. 이 소리는 불쾌하고 시끄럽게 느껴지네.'

이렇게 그냥 느낌과 생각을 알아차리면서 앉아 있으니 이 시간이 그렇게 괴롭게만 느껴지지는 않아요. 물론 조용할 때보다 집중이 잘 되는 것은 아니지만요. 하지만 마음챙김을 하고 나니 소음이 그냥 적당한 배경음악처럼 들리고 해야 할 일을 못 할 정도로 방해하는 요소는 아니네요.

들기 싫은 소리를 무조건 들으려고 애쓰면서 참으라는 이야기가 아니에요. 만약 환경을 조절할 수 있는 상황이라면 그렇게 하는 것이 더 좋습니다. 다른 장소로 가거나 이어폰을 꽂아서 소리를 차단할 수도 있겠지요. 하지만 수업 시간에는 여러분이 그렇게 환경을 바꿀 수 없잖아요. 그럴 때 괴로워하면서 스스로 더 고통스럽게 하지는 말자는 거예요.

제 경험을 한 가지 더 이야기해 볼게요. 몇 년 전 토요일 아침에 유명한 명상가 잭 콘필드, 트루디 굿맨 부부의 온라인 강연이 열렸어요. 400명이 넘는 사람들이 온라인에 모였는데, 저도 그중 하나였지요.

그런데 사전 소통 과정에서 착오가 생겨 두 분이 행사를 다음 날로 알고 있었던 거예요. 뒤늦게 연락이 닿아 강연자들이 급하게 접속하게 된 상황이라 시작하는 시간이 조금 늦어졌어요. 굉장히 당황스러웠을 텐데 삶의 불확실성을 수용하고 금세 평정심을 되찾아 차분하게 강연에 임하는 두 사람의 모습이 멋져 보였지요.

강의를 시작할 때 주최 측에서는 참여자들에게 오디오 음소거를 여러 차례 부탁했어요. 하지만 중간중간 잡음이 들려왔습니다. 저는 처음부터 그 소리가 무척 신경 쓰이고 짜증이 났어요. 그러다 문득 이런 생각이 들었어요.

'내가 지금 강연자의 지각이나 실수에는 너그러우면서 일반 참가자의 실수에는 날카로운 마음으로 대하고 있구나. 감정과 자극을 알아차리면 그뿐인 것을, 그것이 마음챙김인데 나는 뭘 배우겠다고 여기에 앉아 있단 말인가.' 하고 알아차린 후에는 마음이 무척 평안해지더군요. 마음챙김의 효과가 바로 나타난 것이지요.

그날의 강연에서 제 가슴을 뛰게 한 것은 역시 교육에 관한 이야기였어요. 비교와 경쟁 문화 속에서 자라고 있는 10대들에게 마음챙김으로 지금, 여기에 존재하는 법과 자비심을 키우는 법을 가르쳐 주는 것이 얼마나 중요한 일인지 말씀해 주셨거든요. 여러분이 마음챙김을 배워서 자신의 경험을 평안하게 받아들이는 마음을 가질 수 있고, 주위의 자극을 부정적으로 판단하는 대신 자애로운 마음으로 대할 수 있기를 진심으로 바랍니다.

어떻게 하면 그런 사람이 될 수 있을까요? 평소에 마음챙김을 연습한 만큼 필요한 순간에 그런 능력이 발휘될 거예요. 이제 그런 연습을 위한 소리 명상을 한번 해 볼까요?

소리 명상

　오늘은 소리에 주의를 두고 알아차리는 명상을 해 볼 거예요. 편안하게 앉아서 눈을 감아 봅니다. 지금 주변에서 어떤 소리가 들려오나요?

　먼저 멀리서 들리는 소리를 들어 봅니다. 바람 소리, 누군가 복도를 지나가는 발소리, 웃는 소리도 들릴 수 있어요.

　이번에는 가까운 곳의 소리를 들어 봅니다. 옷이 부스럭거리는 소리, 친구의 숨소리, 자신의 숨소리까지도 느껴 보세요. 몸 안에서 소리가 들릴 수도 있어요. 뱃속에서 나는 소리, 침 넘어가는 소리가 들릴 수도 있답니다.

　소리를 잘 들어 보면 크고 작은 소리가 계속 변하고 있다는 걸 알 수 있습니다. 어떤 소리는 듣기 좋고, 어떤 소리는 귀에 거슬릴 수도 있어요. 좋고 나쁨을 판단하지 않고 “이런 소리가 있구나.” 하고 알아차려 봅니다. 사실 소리는 그냥 소리일 뿐이에요. 우리가 어떻게 듣느냐에 따라 다르게 느껴질 뿐인 것이지요.

　오늘 교실에서 들었던 여러 소리를 떠올려 보세요. 혼자 걸을 때나 버스 안에서, 혹은 창가에 앉아 있을 때 다양한 소리를 다시 한번 느껴 보세요. 소리에 귀를 기울이다 보면 머리가 맑아지고 개운해지는 것도 느껴질 거예요.

숨을 한 번 깊게 들이마시고 내쉽니다. 한 번 더 깊게 들이마시고 내쉽니다. 이제 눈을 뜨고 지금, 이곳으로 돌아옵니다. 오늘의 소리 명상을 마칩니다.

• 오늘의 명상 일기를 적어 보세요.

남이 부럽고
질투심이 들 때

내 안의 빛을 밝히는 명상

내게는 어떤 열망이 있을까?

인스타그램에 친구들이 올리는 스토리를 보면 부러울 때가 많아요. 다른 애들은 친구도 많고, 멋진 곳에도 자주 가고, 저보다 다 잘나 보이고 멋져 보이거든요. 누구는 공부를 잘해서 상장을 받고, 누구는 춤을 잘 춰서 축제 때 무대에 서기도 하는데, 그걸 보며 약간 얄밉게 느껴질 때도 있어요. 겉으론 아무렇지 않은 듯 축하하면서도 속으로는 부러워하고 질투하는 제 모습에 짜증이 나요.

저는 어려서부터 책 읽는 것을 좋아했어요. 늘 작가들이 멋있어 보이고 부러웠지요. 아는 사람이 책을 썼다고 할 때는 질투심을 느끼기도 했어요. 질투가 난다는 건 사실은 제 안에도 그걸 원하는 마음이 있기 때문이에요. 저도 책을 쓰고 싶다는 열망이 있었기에 그런 사람들이 부러웠던 것이지요.

그런데 흥미로운 점은 전혀 관심이 없는 분야에서는 잘하는 사람을 봐도 부럽거나 질투심이 생기지 않는다는 거예요. 그냥 '멋지구나. 저 사람은 저렇구나.' 하고 생각하는 정도지요. 운동을 잘 못하고 관심도 별로 없는 저는 마라톤이나 등산하는 친구의 이야기를 들으면 멋지다는 생각은 들지만 제가 하고 싶다는 생각까지 들지는 않거든요. 그러니 누군가가 몹시 부럽거나 질투심이 든다면 그건 여러분이 속 좁고 지질한 인간이어서가 아니라, 그 영역에 자신의 꿈이 있다는 신호로도 볼 수 있어요.

혹시 공부를 잘하는 사람이 부럽다면 자신도 공부를 잘하고 싶은 거예요. '나도 하면 잘할 수 있는데.'라는 마음이 있는 것이지요. 춤을 잘 추는 친구가 부럽다면 마음 어딘가에 춤에 대한 열망이 있을 수도 있어요. 여러분이 다른 사람의 어떤 부분을 유독 부러워하는지 살펴보세요.

미국의 심리학자 마샤 리네한은 청소년기를 힘들게 보냈다고 해요. 다른 사람과 비교하는 마음이 커서 자기를 사랑하지 못하고 우울증, 자해 행동으로 정신병원에 입원하기도 했습니다. 마샤 리네한은 심리학자가 된 후에 DBT 행동 치료(Dialectical Behavior Therapy)라는 심리 치료법을 개발했어요. 자신의 경험과 상처를 딛고 많은 사람을 돕는 일을 하게 된 것이지요.

재능 있고 성격도 좋고 외모도 뛰어난 사람들을 볼 때 부러운 마음이 드는 것은 자연스러운 일이에요. 하지만 그래서 '나는 못난 사람이고 나는 노력해도 안 될 거야.'라고 생각하는 것은 다른 문제에요. '내가 나를 사랑해야 한다.'라는 말을 많이들 하지요. 하지만 그게 말처럼 쉽지 않다는 것도 잘 알아요. 그건 그냥 정신 승리로 되는 게 아니거든요. 그렇다면 어떻게 자신과 잘 지낼 수 있을까요?

오히려 자신의 부족한 부분을 있는 그대로 수용할 때 자신을 인정하고 사랑하는 마음이 자라날 수 있어요. 모든 사람은 빛나는 어떤 부분을 지니고 있다고 저는 믿어요. 우리 각자가 '내 안의 빛'을 품고 있는 존재이지요. 뭔가를 대단히 잘해서 빛난다는 의미가 아니에요. '내 안의 빛'은 성과와는 무관하게 우리가 빛나고 소중한 사람이라는 것을 의미해요.

누구도 침범할 수 없고 함부로 대할 수 없는 빛이 자기 안에 있다고 생각해 보세요. 다른 사람의 어려움을 보고 자연스럽게 돕고자 하는 마음이 들 때, 부당한 일을 보고 그건 아니라고 말하고 싶을 때, 힘든 일도 참고 견디며 해내려고 노력할 때, 가족이나 친구들에게 친절을 베풀 때 우리는 빛나고 있지요. 그때가 바로 '내 안의 빛'이 밖으로 새어 나오는 순간입니다. 이 빛을 더욱 밝게 키우는 명상을 함께해 볼까요?

내 안의 빛을 밝히는 명상 

편안하게 앉아서 어깨에 힘을 살짝 풀어 줍니다. 허리는 곧게 세우고 몸을 부드럽게 이완시킵니다. 손은 무릎 위에 올려 두고, 눈을 감아 봅니다. 이제 숨을 코로 천천히 들이마시고, 입으로 부드럽게 내쉽니다. 한 번 더 천천히 들이마시고, 내쉽니다. 숨이 고요히 흐르면서 마음이 잔잔해집니다. 오늘은 '내 안의 빛'을 찾아보는 시간을 가져 봅시다.

그 빛은 언제나 우리 안에 있지만, 가끔은 바쁜 마음에 가려져 있을 수도 있어요. 숨을 들이마실 때마다 밝은 빛이 하늘에서 내려와 몸으로 들어온다고 상상해 봅니다. 따뜻하고, 부드럽고, 안전한 빛입니다.

빛이 머리부터 발끝까지 천천히 번지면서 온몸을 감싸 주는 모습을 떠올려 보세요. 빛이 스며들어 숨을 내쉴 때마다 불안과 걱정, 긴장이 녹아 내립니다. 몸이 점점 가벼워지고, 마음이 고요해집니다.

이제 그 빛이 가슴으로 모여듭니다. 가슴 한가운데에서 따뜻한 기운이 피어오릅니다. 그 빛은 마음속 지혜이자 자신을 아끼는 힘이에요. 그 안에는 용기, 다정함 그리고 사랑이 있습니다. 잠시, 자신을 빛으로 감싸안는다고 상상해 봅니다. 그리고

속으로 조용히 되뇌어 봅니다. '괜찮아.' '지금의 나도 충분해.'

　자기 안의 따뜻함이 밖으로 흘러나와 주변을 함께 밝힐 수 있습니다. 우리의 작은 친절과 미소가 누군가에게 또 다른 빛이 됩니다. 숨을 천천히 들이마시고, 천천히 내쉬며 '내 안의 빛'이 더욱 또렷해지는 것을 느껴 봅니다. 이 빛은 언제든 꺼지지 않고, 원할 때마다 다시 밝힐 수 있어요. 이제 숨을 한 번 더 깊게 들이마시고 부드럽게 내쉽니다. 눈을 천천히 뜨면서 지금, 이곳으로 돌아옵니다.

내 삶에 친절
한 스푼이 필요할 때

친절 명상

친절은 멀리 갑니다

친구들이 저에게 좀 친절하게 대해 주면 좋겠는데 장난이 심할 때도 많아서 속상해요. 우리 반이 좀 더 친절한 분위기에서 서로 배려하면서 화목하게 지내면 얼마나 좋을까요? 욕하거나 툭툭 건드리고 가는 친구들도 있는데 그게 싫어도 잘 표현하지 못하고, 그런 분위기에 휩쓸려서 저도 비슷한 행동을 할 때도 있어요.

우리는 누구나 이왕이면 친절한 대접을 받기를 원합니다. 다른 사람들에게 친절을 베풀고 나서 기분이 좋아지기도 하지요. 학기 초에 우리 반 학생들에게 친절에 관한 경험을 그림으로 그려 보자고 제안했어요.

우선 제 경험을 사례로 들려줬습니다. 남편이 큰 수술을 앞둬 혈액을 확보해야 하는 상황이었어요. 병원 측에서는 코로나 시기라서 수술용 혈액이 없으니 환자와 보호자가 알아서 헌혈자를 모집해서 혈액을 구해야 한다고 했습니다. 너무나 막막하고 겁이 났는데 제가 SNS에 올린 글을 보고 많은 친구가 기꺼이 헌혈에 동참해 줬고, 남편은 무사히 수술을 받을 수 있었답니다. 지금도 그때 일을 생각하면 뭉클해집니다.

제 이야기를 듣고 난 뒤 학생들은 저마다 경험한 친절을 그림으로 표현했어요. "친구와 캠핑을 갔다. 캠프파이어를 하면서 친구가 나의 푸념을 들어주고 정말 기분 좋게 이야기를 나눠 줘서 친절하다고 느꼈다.", "비 오는 날 우산을 챙겨오지 못했는데 친구가 우산을 씌워 줬다.", "처음 가 본 동네에서 길을 잘 몰라서 헤매고 있었는데 그 동네에 사시는 분이 길을 알려 주셔서 정말 감사했다."

여러분도 최근에 자신에게 친절을 베풀어 준 사람을 한번 떠올려 볼까요? 어떤 사람이 어떤 행동을 해 줬는지 생생하게 떠올려 봅시다. 그 장면을 간단하게 그림으로 그리고, 그때 어떤 일이 있었는지도 적어 보세요.

누군가가 친절하게 대해 줬을 때 마음이 얼마나 따뜻해졌는지 떠올려 보세요. 감사하는 마음이 우러나서 자연스럽게 그 사람을 위해서 뭔가를 해 주고 싶다는 생각이 들기도 하지요. 사람들은 누구나 친절을 주고받으면서 살기를 원합니다. 여러분은 친절이 무엇이라고 생각하나요? 저는 '친절이란 내 안의 따뜻함을 표현함으로써 다른 사람에게 기쁨과 도움을 주는 것'이라고

그림	그때 있었던 일

정의해 보겠습니다. 그런데 친절은 단지 겉으로 드러나는 말과 행동만은 아닐 거예요. 어떤 의도로 행하느냐가 더 중요하지요.

만약 친구가 속으로는 좋아하지 않으면서, 혹은 놀리려는 의도가 있으면서 말과 행동으로만 친절한 척한다고 생각해 보세요. 저는 처음에 친절인 줄 알고 호감이 생겼는데 시간이 지나 그 마음이 진심이 아니라는 걸 알고 오히려 상처가 된 관계의 경험이 있어요. 진심이 없는 친절은 우리를 혼란스럽게 만들고, 그 사람에 대한 신뢰를 손상시키기도 합니다.

무엇이 진정한 친절인지 그 의미는 고정되어 있지 않습니다. 친절에 관한 문장을 수정하거나 추가하면서 자신만의 친절

문장을 업그레이드할 수 있어요. 예를 들면, "남에게 인정받으려고, 혹은 남에게 나쁜 사람이라는 소리를 들을까 봐 두려워서 하는 행동은 친절이 아니다."라고 쓸 수도 있겠지요? 여러분도 다음 괄호 안에 자신이 생각하는 친절이란 무엇인지 써 보세요. 새로운 생각이 떠오른다면 문장을 수정하거나 덧붙이면서 친절에 대한 자신만의 정의를 만들어 보세요.

친절이란 (

) 이다.

　하루 동안 우리는 얼마나 많은 친절을 경험할까요? 오늘 아침에 일어나 학교에 올 때까지 받은 친절을 떠올려 봅시다. 시간에 맞춰 깨워 주시고 식사를 준비해 주신 가족이 있다면 그 친절 덕분에 맛있는 아침 식사를 할 수 있었음을 알아차립니다. 혹시 버스나 차로 이동했다면 운전해 주신 분이 계실 테고, 길 위의 운전자들이 모두 규칙을 지켰기 때문에 사고 없이 등교할 수 있었던 것입니다. 자동차를 튼튼하게 만든 사람들과 차가 다니는 길을 안전하게 공사한 사람들도 떠올려 봅니다.

　이렇게 생각해 보면 우리가 굉장히 많은 사람과 연결되어 있음을 깨달을 수 있습니다. 친절은 전파되기 때문에 자신의 작은 행동이 또 얼마나 많은 사람에게 영향력을 끼칠지 모른답니다. 친절한 행동을 자주 하는 사람의 스트레스 수준이 더 낮고 정신적으로 더 건강하다는 연구 결과들도 있어요.[12] 우리 이번 주를 '친절을 베푸는 멋진 일주일'로 삼아 볼까요?

친절 명상

숨을 천천히 들이마시고 내쉽니다. 세 번 반복합니다. 지금 내 몸과 마음에 주의를 둡니다. 이제 친절하고 상냥한 태도로 자신에게 말을 건넵니다.

'내가 오늘 행복하고 편안하기를 바랍니다. 내가 오늘 건강하고 안전하기를 바랍니다. 나는 오늘 평화롭게 친절을 나누는 사람이 되고 싶습니다.'

이 말들이 깊숙이 스며드는 것을 느끼면서 자신에게 친절함을 표현해 보세요. 이런 마음을 가질 때 몸에 도는 따뜻한 느낌에 주의를 기울여 보세요. 이 따뜻한 느낌이 점점 커지면서 심장에서 흘러나와 손가락, 발가락, 머리끝까지 몸을 서서히 채운다고 상상해 보세요.

이제 이 느낌에 색깔이 있다면 어떤 색깔일지 한번 떠올려 볼까요? 어떤 색이라도 좋습니다. 그 아름다운 색깔이 온몸을 가득 채운다고 상상해 보세요. 그 색깔이 자신의 손끝, 발끝에서 흘러나와 온 방 안 가득 퍼져 나간다고 생각해 보세요. 사랑하는 사람들이 내가 보내는 따뜻한 느낌과 아름다운 색깔을 보면서 행복해하는 모습을 떠올려 보세요. 그 사람들에게 이렇게 말해 줍니다.

'당신이 건강하고 안전하기를 바랍니다. 당신이 평화롭게 잘 지내기를 바랍니다. 당신이 원하는 것을 얻고 사랑을 느끼며 살아가기를 빕니다.'

이번에는 알고 있기는 하지만 그다지 친하지 않은 한 사람을 떠올려 보세요. 학교나 학원에서 마주치는 사람일 수도 있고, 평소 이용하는 상점에서 일하는 분일 수도 있습니다.

'당신이 건강하기를, 당신이 평안하기를, 당신이 안전하기를, 당신이 행복하기를……'

여러분이 그 사람에게 해 주고 싶은 친절의 말을 따뜻한 마음에 실어서 몇 번 반복해서 빌어 줍니다. 마지막으로 이 느낌과 색깔이 방 바깥으로 흘러넘쳐서 지구상의 살아 있는 모든 존재에게 가닿는다고 생각해 보세요.

'모든 존재가 행복하기를, 모든 존재가 건강하기를, 모든 존재가 사랑을 주고받으며 살아가기를 바랍니다.'

이제 천천히 심호흡하고 눈을 뜹니다. 지금 어떤 느낌이 드는지 이야기 나누어 봅시다.

불편한 사람에게도 친절한 마음을 보낼 수 있을까요? 어쩌면 거부감이 들 수도 있을 거예요. 그 사람을 억지로 좋아하려고 노력하거나 용서하기 힘든 사람을 떠올리지 않아도 괜찮아요. 그냥 조금 불편한 마음이 드는 사람이나 신경을 좀 거슬리게 하는 정도의 사람을 선택해 보세요. 이 활동은 그 사람을 위해 한다기보다는 자신의 마음을 편안하게 하기 위함이랍니다. 이 명상을 하고 나서 어떤 마음이 드는지도 한번 적어 보세요.

• 오늘의 명상 일기

스마트폰을
내려놓을 수 없을 때

스마트폰 명상

스마트폰 쉬는 시간

요즘 제가 핸드폰을 너무 많이 보는 거 같아요. 조금 줄이고 싶어도 마음처럼 안 돼요. 공부하다가도 집중이 잘 안되면 습관적으로 핸드폰을 보곤 해요. '잠깐만 쉬었다가 할 일 해야지.' 하다가도 정신 차리면 어느새 시간이 훅 지나 있어요. '요거 하나만 보고 꺼야지.' 하고 생각했는데 한두 시간이 금방 흘러 버릴 땐 제가 한심하게 느껴지고 후회돼요.

평소 얼마나 스마트폰에 의지하고 있는지를 알아차리기 위해 먼저 몇 가지 항목을 제시해 볼게요. 아래 내용을 살펴보고 스마트폰에 어느 정도 집착하거나 의존하고 있는지 한번 생각해 봅시다.

- 스마트폰의 지나친 사용으로 학교 성적이 떨어졌다.
- 가족이나 친구들과 함께 있는 것보다 스마트폰을 사용하고 있는 것이 더 즐겁다.

- 스마트폰을 사용할 수 없게 된다면 견디기 힘들 것이다.

- 스마트폰 사용 시간을 줄이려고 해 봤지만 실패한다.

- 스마트폰 사용으로 계획한 일(공부, 숙제 또는 학원 수강)을 하기 어렵다.

- 스마트폰을 사용하지 못하면 온 세상을 잃은 것 같은 생각이 든다.

위 항목은 국립청소년인터넷드림마을(www.nyit.or.kr)에서 제공하는 '청소년 스마트폰 과의존 자기진단 척도'의 검사 내용 중 일부예요. 사이트에서 더 자세한 항목을 보고 검사 결과를 확인해 보는 것을 추천합니다.

사실 저도 하루의 많은 시간을 스마트폰으로 일하거나 소통해서 스마트폰이 손 닿는 곳에 없으면 금방 불안해집니다. 글을 쓰다가도 조금 막히면 바로 카톡을 확인하거나 SNS에 새로운 소식이 올라왔는지 보고 있는 제 모습을 발견하지요. 전에는 심심할 때 친구에게 전화를 걸어 안부를 묻거나 만나자고 약속을 잡았는데, 요즘은 웬만하면 메시지를 보내는 것으로 대신합니다. SNS에 글을 올려서 댓글을 달아 주는 사람들과 이야기를 주고받는 것으로 소통을 대신하는 날도 많고요. 이런 방식이 편하기는 하지만 조금 아쉽게 느껴질 때도 있긴 합니다.

하지만 저는 스마트폰 사용에 나쁜 점만 있다고 생각하지는 않아요. 다양한 정보를 빠르게 접할 수 있고, 제가 팔로우하는 사람들의 멋진 생각을 통해 배우는 점이 많거든요. 제 글을 읽고 여러 사람이 공감해 줄 때 정말 큰 힘을 받기도 하고요. 여러 사람을 모집해야 하는 일을 할 때는 SNS의 홍보 기능을 유용하게 사용하고 있습니다.

결국 스마트폰 자체가 문제라기 보다는 그것을 사용하는 사람이 얼마나 잘 조절할 수 있고, 도움이 되는 방향으로 쓸 수 있느냐가 중요하겠지요. 스마트폰 사용은 중독 위험이 있기 때문에 청소년은 무조건 스마트폰을 사용하면 안 된다는 극단적인 관점에는 동의하지 않아요. 학교에서 수업할 때도 저는 다양한 에듀테크 도구를 사용해서 학생들이 참여할 수 있도록 수업을 구성합니다. 학생들에게 한 명씩 발표하도록 할 때도 있지만 디지털 도구를 쓰며 동시에 많은 학생이 자신의 의견을 표현할 때 굉장히 효과적으로 학습할 수 있음을 체감하고 있어요.

스마트폰을 활용해서 마음챙김하는 방법도 있어요. 스마트폰으로 명상을 배우고 연습할 수 있는 서비스를 제공하는 '마보', '코끼리' 같은 앱을 활용하면 도움을 받을 수 있습니다. 유튜브에서 마음챙김이나 명상을 키워드로 검색해서 안내에 따라 명상할 수도 있지요. 요즘은 정말 다양한 명상 콘텐츠가 있어서 고르기가 힘들 정도랍니다. 마음에 위로가 되는 차분한 명상 음악을 검색해서 듣는 것도 도움이 되지요.

'스마트폰 쉬는 시간'을 정해 두면 어떨까요? 숙제하다가 쉴 때 바로 스마트폰으로 손을 뻗는 대신 자리에서 일어나 스트레칭을 한다거나 방 안을 잠시 걸으면서 휴식을 취해 보세요. 스마트폰을 사용하지 않는 시간을 정해 놓고 바구니에 넣어 두는 방법도 있어요. 처음에는 30분이나 한 시간 정도에서 시작해서 내가 할 수 있는 만큼 조금씩 늘려 보는 거예요.

스마트폰 명상

스마트폰으로 명상을 한번 해 볼까요? 이 방법은 평소 스마트폰이라는 도구를 어떻게 쓰고 있는지 알아차리는 데 도움을 줄 거예요. 지금 하는 행동을 의식하고 선택해서 행동할 수 있다면 사용 시간과 횟수를 적절하게 조절할 수 있거든요.

스마트폰을 들고 세 번 정도 깊게 호흡합니다. 숨을 쉴 때마다 조금씩 긴장이 풀어지는 것을 느껴 봅니다. 호흡하면서 마음을 알아차립니다. 지금 꼭 확인이 필요한 일이 있거나 중요한 정보를 얻으려고 스마트폰을 원하는 것인지, 아니면 호흡하면서 주의를 돌릴 수 있는 상태인지를요.

　스마트폰을 꽉 쥐어 보면서 감각을 알아차립니다. 자신에게 물어보세요. '지금 내가 더 행복해지는 데 이 기계가 도움이 되고 있나?' 그렇지 않다면 왜 이것을 지금 사용하고 싶은지 알아차려 봅니다. 다시 자신에게 물어봅니다. '왜 나는 당장 스마트폰을 확인하고 싶은 거지? 내가 원하는 것은 무엇일까?'

　이때, 몸의 느낌도 한번 살펴보세요. 몸이 긴장되고 근육이 뭉쳐 있지는 않나요? 아니면 편안하고 차분한 느낌인가요? 혹은 몸이 무겁고 축 처지는 느낌인가요? 지금 답답한지, 우울한지, 외로운지, 심심한지 마음의 느낌은 어떤지도 살펴보세요. 그런 느낌이 들 때 원하는 것은 무엇일까요? 지루해서 뭔가 재미를 느끼고 싶을 수도 있고, 누군가와 연결되는 기분을 느끼고 싶을 수도 있어요.

　주위를 둘러보면서 스마트폰 말고도 그런 욕구를 충족할 수 있는 일을 찾아봅니다. 사랑하는 반려동물과 논다든지, 운동하러 나간다든지, 그림을 그린다든지 무엇이든 좋아하는 것에 집중해 보세요. 아까 찾은 욕구가 재미였다면 스마트폰이 아닌 다른 것을 하면서도 재미를 느낄 수 있는 방법을 찾아보는 것이 핵심입니다. 만약 누군가와 연결되고 싶었다면 직접 통화하거나 약속하고 만나러 갈 수도 있겠지요.

마지막으로 스마트폰을 보고 나서 '지금 기분이 어때?' 하고 자신에게 물어보세요. 즐겁고 기분이 더 좋아졌는지, 아니면 더 비참하고 우울해졌는지 말이에요. 스마트폰은 그저 도구일 뿐이라는 것을 기억하세요. 여러 가지 방법 중에 이것을 선택할 수 있고, 원하지 않을 때는 언제든지 내려놓기를 선택할 수 있습니다.

천천히 호흡하면서 지금, 여기로 다시 돌아옵니다. 오늘 스마트폰 명상은 어땠나요? 새롭게 얻은 깨달음이나 아이디어가 있다면 적어 두세요.

____

____

____

____

____

____

여러분은 지금까지 열여덟 번의 명상을 마쳤습니다. 다양한 상황에 따른 마음챙김 방법을 알아보고 그에 알맞은 명상도 함께해 봤지요. 책에서 경험한 내용을 여러분의 마음 상태에 따

라 적절하게 활용해 보면 좋겠습니다. 이 책이 여러분의 마음을
잘 살피고 돌보는 데 도움이 되기를 진심으로 바랍니다.

미주

1 존 카밧진, 장현갑 외 옮김,《마음챙김 명상과 자기치유 上》, 학지사, 1990, 30쪽.

2 김정호,《마음을 공부해야 행복하다》, 시그마프레스, 2021, 30쪽.

3 제임스 J. 마자 외, 조윤화 외 옮김,《DBT, 학교에 가다》, 학지사, 2022.

4 세라 페이턴, 신동숙 옮김,《공명하는 자아》, 한국NVC출판사, 2024, 61쪽.

5 세라 페이턴, 신동숙 옮김,《공명하는 자아》, 한국NVC출판사, 2024, 65쪽.

6 왜 비난은 칭찬보다 더 오래 마음에 남을까,《BBC NEWS 코리아》, 2023. 01. 03.

7 https://healthcare.utah.edu/healthfeed/2021/11/practicing-gratitude-better-health-and-well-being?utm_source

8 심윤정 외, '주문을 걸어 봐',《교실 속 마음챙김카드》, 마음숲, 2024.

9 블루라이트의 두 얼굴: 낮에는 친구, 밤에는 수면의 적,《파이낸셜뉴스》, 2025. 03. 22.

10 자는 동안 뇌에는 무슨 일이 일어날까?, 〈과학자의 세상 읽기〉, ibs기초과학연구원 https://www.ibs.re.kr/cop/bbs/BBSMSTR_000000000801/selectBoardArticle.do?nttId=21265

11 존 티어니·로이 F. 바우마이스터, 정태연 외 옮김,《부정성 편향》, 에코리브르, 2020, 7쪽, 12쪽.

12 • Cregg, D. R. & Cheavens, J. S. (2022). "Healing through helping: an experimental investigation of kindness, social activities, and reappraisal as well-being interventions." The Journal of Positive Psychology

 • Rowland, L. & Curry, O. S. (2019). "A range of kindness activities boost happiness." (Journal of Social Psychology, doi: 10.1080/00224545.2018.1469461)

자라느라 애쓰는 10대를 위한 마음챙김

1판 1쇄 발행일 2025년 11월 24일

지은이 심윤정

발행인 김학원
발행처 (주)휴머니스트출판그룹
출판등록 제313-2007-000007호(2007년 1월 5일)
주소 (03991) 서울시 마포구 동교로23길 76(연남동)
전화 02-335-4422 **팩스** 02-334-3427
저자·독자 서비스 humanist@humanistbooks.com
홈페이지 www.humanistbooks.com
유튜브 youtube.com/user/humanistma
인스타그램 @gomgom_teens

편집주간 황서현 **편집** 김나윤 임미영 **디자인** 유주현 **일러스트** 홍단단
조판 아틀리에 **용지** 화인페이퍼 **인쇄·제본** 정민문화사

ⓒ 심윤정, 2025

ISBN 979-11-7087-404-1 43180